Texte . Medien

Die Poetry-Slam-Expedition:

Bas Böttcher

Texte, Tracks und Clips

Materialien und Arbeitsanregungen

Erarbeitet von

Almut Hille
Matthias Schönleber

Schroedel

Herausgegeben von Peter Bekes und Volker Frederking

Druck A 1 / Jahr 2009
Alle Drucke der Serie A sind im Unterricht parallel verwendbar.

Redaktion: Ina Jennerjahn
Herstellung: Ira Petersohn, Ellerbek/Hamburg
Typografie und Satz: Ira Petersohn, Ellerbek/Hamburg
Druck: pva, Druck und Medien-Dienstleistungen GmbH, Landau
Titelbild: Bas Böttcher

Das Texte. Medien-Programm zu »Die Poetry-Slam-Expedition: Bas Böttcher«:

978-3-507-47061-3 Textausgabe und Materialien
978-3-507-47161-0 Materialien und Arbeitsanregungen
978-3-507-47261-7 Informationen für Lehrerinnen und Lehrer
978-3-507-47361-4 Materialien Deutsch als Fremdsprache

Informationen und Materialien im Internet:
www.schroedel.de/textemedien

ISBN 978-3-507-**47161**-0

Inhalt

Vorwort

Lyrik nervt – so lautet der Titel eines Buches von Andreas Thalmayr. Der hinter diesem Pseudonym versteckte Lyriker und Essayist Hans Magnus Enzensberger kritisiert in seinem Buch, wie in Schulen und wissenschaftlichen Institutionen mit Gedichten umgegangen wird. Dass Lyrik hier oft wie eine Geheimwissenschaft und völlig losgelöst von den Alltagsbedürfnissen betrieben wird, findet Thalmayr (alias Enzensberger) besonders fatal: »Überhaupt tun die meisten so, als wären Gedichte etwas ganz Besonderes, etwas für Eingeweihte, etwas von dem die allermeisten gar nichts kapieren können. Und viele von uns fallen darauf herein und sagen sich: Das ist nichts für mich, damit kann ich nichts anfangen, vielen Dank, ich kaufe mir lieber einen Marokko-Reiseführer, aber auf keinen Fall einen Gedichtband. Ich komme ganz gut ohne Lyrik aus.«

Literaturangabe:
Thalmayr, Andreas: Lyrik nervt. Erste Hilfe für gestreßte Leser. München, Wien: dtv/ Reihe Hanser, 2004. S. 9.

So kann es nicht verwundern, dass sich die Lyrik mitunter dem institutionellen Zugriff entzieht und dort heimisch wird, wo sie sich ungeordnet und unkontrolliert entfalten kann: im Poetry-Slam. Hier kann jeder Lyriker sein, der etwas zu sagen hat und der bereit ist, seine Texte einem Publikum zu präsentieren, das offen für Experimente ist und den Texten dennoch nicht ohne Erwartungen begegnet, das also im Idealfall etwas mit den Gedichten anfangen kann. Im Wettstreit mit den Dichterkolleginnen und -kollegen und im engen Kontakt mit dem Publikum entstanden und entstehen lyrische Texte, die den Vergleich mit vertrauten und in den Kanon eingegangenen Gedichten nicht zu scheuen brauchen.

Ihre Entstehungsbedingungen sind den Texten oftmals eingeschrieben: Sie sind für die mündliche Vortragssituation verfasst und zielen darauf ab, ein Publikum zu beeindrucken. Die Freude am Klang, den Spaß am sprachlichen Spiel und an der Provokation sieht – oder besser hört – man dieser Lyrik an.

Wenn in dem Band *Die Poetry-Slam-Expedition: Bas Böttcher* die Gedichte von Bas Böttcher, einem der profiliertesten Slam-Poeten, präsentiert werden, so geschieht dies nicht mit dem Ziel, dessen Texte aus der Flüchtigkeit des mündlichen Vortrags in die unflexible Schriftlichkeit zu zwingen und sie damit aus der Ungebundenheit der Slam-Situation einer schulischen Kontrolle zuzuführen. Im Gegenteil: Das Lebendige, das Klangliche, das Spielerische der Gedichte ist insbesondere auf der CD und der DVD zu erleben und im produktiven Zugriff gestaltend zu erschließen. Poetry-Clip, Tonaufnahme und schriftlicher Text können dabei miteinander verglichen und in ihrer spezifischen Medialität erfasst werden.

Es soll aber ebenso gezeigt werden, dass auch Slam-Poesie nicht voraussetzungslos entsteht. Bas Böttcher verarbeitet Themen und Motive, Topoi und rhetorische Mittel, die seit Jahrhunderten in lyrischen Texten verhandelt werden. Der intertextuelle und intermediale Vergleich bietet daher zahlreiche Möglichkeiten für ein kompetenzorientiertes Lernen im Umgang mit Lyrik und mit Medien.

Die Macht der Sprache #3 #3 S. 18

Text und Performance

1 Notieren Sie in den leeren Feldern Begriffe, mit denen Sie die Performance beschreiben können.

2 Inwiefern unterscheidet sich diese Art, Lyrik zu präsentieren, von anderen Ihnen bekannten Präsentationsformen?

3 Bilden Sie Hypothesen, wie der Text entstanden und für die Präsentation auf der Bühne vorbereitet worden sein könnte.
- Ist er (stumm) aufgeschrieben oder »komponiert« worden, ist er laut sprechend immer wieder verändert worden?
- Wurde er auswendig gelernt, wird er auf der Bühne improvisiert?

Sehen Sie sich den Live-Mitschnitt der Performance von Bas Böttcher im Berliner Bastard Club an. Es ist ein Medley der Texte »Die Macht der Sprache«, »Fünffacher Wortwert« und »Meine Paradiese«.

Bas Böttcher im Bastard Club, Berlin 2007

Liebeserklärung an eine Chinesin

#5 S. 22

Erst- und Zweitfassung eines Gedichts

Bastian Böttcher
Kleine Einladung (2008)

Ich wank an deina Bungalow Wand lang und sing nen
Sting Song. Klingel ›dingdong‹ an deim Eingang.
Wag ein Alleingang und senke die Klinke.
Es is zu. – Zu dumm! – Ich denke: Bingo!

Denn krumme Langfingrer Dinger drehn war eh noch nie mein Ding.
Ich schwing wie King Kong ausm BungalowWindfang.
Gefang von deim Look guck ich untern Vorhang,
schau voll Verlang dein Teng und Tanga an.

Belager dein Teräng mit m Manga inna Hand und
Bring ausm Lameng n paa Poeme.
Häng an deim Gelända, mach ein auf King alla Lända und
trag unsan Tag ein in mein Kalenda.

Denn wenn dein Twingo vorm Bungalow einbiegt,
dann liegt ein feines Buket Gladiolen im Gang.
Es schmiegt sich an deine Wange zu Empfang.
Und da baumelt ein Band mit na Einladung dran.

Ich werd ihr eine kleine,
eine kleine Einladung schenken.
Ich hoff sie kann dann an kein andern Mann mehr denken.

Ich bin nun Gangleader und singe Slanglieder
Und häng nie wieder inna Tangobar mit Kangol Käppi.
Bin im Bad bei kleiner Packung Fango mehr happy.
Sag ›Game Over‹ zu meim Jing-Jang-Logo-Pullover.

Fahr nun Rover und bagga wie n doofer.
Stell mein Minnegesang nun wegen Mangel an Anklang ein.
Hab aber ein klein Singsang allemal im Petto.
Bin gegen die Kollegen im Ghetto unterlegen,

aber unter deim Beton-Balkon,
da gelingt mir glatt der Big Gig.
Bislang mißlang mir mein Mandolinenlick von vornherein.
Nun winkst du meine kleine Wenigkeit hinein.

Ich lang zu lang zu. Beim Schangdong Moet.
Bin ein Mann ohne Manko, aber voll loll und lall.
Ein Poet will dein sein. Sag nicht nein und
schenk dir ein Einschenken von reinem Wein, in den ich rein wein.

Ich werd ihr eine kleine,
eine kleine Einladung schenken.
Ich hoff sie kann dann an kein andern Mann mehr denken.

1 Vergleichen Sie die Version »Kleine Einladung« mit der in *Die Poetry-Slam-Expedition: Bas Böttcher* abgedruckten Fassung. Markieren Sie im hier abgedruckten Text die Unterschiede.

2 Welche Fassung gefällt Ihnen besser? Begründen Sie Ihr Urteil.

Poetry-Slam/Slam-Poetry S. 88–104

1 Informieren Sie sich mit einem Gruppenpuzzle zum Thema »Poetry-Slam« (zur Methode des Gruppenpuzzles s. S. 26).

2 Bilden Sie Expertengruppen zu den ersten drei Texten des Kapitels »Poetry-Slam / Slam-Poetry«. Lesen Sie Ihren Text:
- Was erfahren Sie über Slam-Poetry als Bühnendichtung?
- Beschreiben Sie die Gestaltung von Poetry-Slams als Wettbewerbe.

3 Bilden Sie anschließend Quergruppen, in denen es jeweils mindestens einen Experten für einen Text gibt, und stellen Sie sich Ihre Ergebnisse vor. Verfassen Sie einen Lexikonartikel mit dem Titel »Poetry-Slam«.

4 Vergleichen Sie Ihren Artikel mit den beiden Duden-Einträgen und beurteilen Sie diese kritisch.

5 Definieren Sie sieben »Schreibgesetze« von Bühnendichtung.

Darf man beim Poetry-Slam nur »Poetry« – also Poesie – vortragen?

Sind Slam-Texte improvisiert?

Woher kommt die Inspiration?

Was macht einen guten Slam-Text aus?

Poetry-Slam / Slam-Poetry

Sollte ich meine Texte beim Poetry-Slam auswendig vortragen?

Wie lange schreibt man an einem Slam-Text?

Nach welchen Kriterien werden beim Poetry-Slam die Punkte vergeben?

Wofür steht »Respect the poets!«?

Po|e|t|ry|slam, Po|e|t|ry-Slam ['po:ətrislɛm], der; -s, -s ‹engl.› (vor Publikum ausgetragenes Wettreimen)
Aus: Duden. 24. Auflage, 2006. S. 793

Po|e|t|ry|slam, Po|e|t|ry-Slam ['po:ətrislɛm], der; -s, -s ‹engl.› (auf einer Bühne vor Publikum ausgetragenes Wettreimen)
Aus: Duden. 23. Auflage, 2004. S. 754

Ordnung und Vielfalt – Form und Inhalt

Das Raster #6 S. 25

Die strophische Ordnung eines Gedichts rekonstruieren

Kann ein Mann seine Gefühle in Gedichte packen und dann noch vortragen, dann hat er Glück, denn Damen mögen Männer mit Takt und rhythmischem Gespür. Das ist sinnlich und klingt zum Beispiel so: Oh du meine Angebetete. Ich denke so positiv von dir. Du mein Augenstern, ich würd' dich gern lecker zum Brunch einladen. Du bist es, auch wenn Du nur fiktional existieren tust.

1 Fassen Sie die inhaltliche Aussage dieses Textauszugs in einem kurzen, prägnanten Satz zusammen.

Untersuchen Sie den Text. Welche sprachlichen Wendungen besonders des zweiten Absatzes sind auffällig?

2 Der Text ist Teil eines Gedichts von Bas Böttcher. Experimentieren Sie, indem Sie den Text in eine strophische Ordnung bringen, die Ihnen passend erscheint.

Form-Inhalt-Bezüge herstellen

1 Hören Sie nun den Text »Das Raster«. Vergleichen Sie anschließend Ihre Version mit dem gesamten Gedicht von Bas Böttcher.

- Erörtern Sie, welchen Eindruck der Text auf Sie macht, wenn Sie ihn hören. Berücksichtigen Sie dabei auch die Frage, welche Rolle die typografische Gestaltung des Textes spielt.
- Überprüfen Sie Ihr in Aufgabe 1 vorläufig formuliertes Textverständnis. Welche zusätzlichen Sinnschichten ergeben sich durch die Anordnung der Verse und die typografische Gestaltung?
- Welche Rolle spielen die von Ihnen als auffällig bezeichneten Textstellen? Sind sie nun anders zu bewerten?

2 Fassen Sie abschließend Ihr Textverständnis in einem Text zusammen. Reflektieren Sie dabei das Verhältnis von Form und Inhalt.

Freiheit im Quadrat #16 S.51

Johann Wolfgang von Goethe

Die Leiden des jungen Werther (1774)

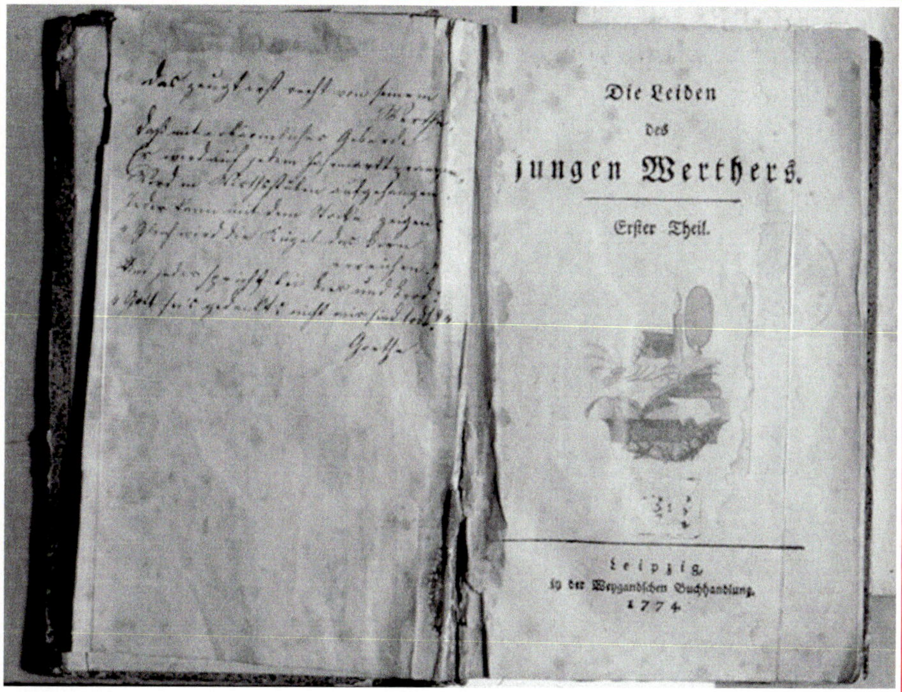

Am 22. Mai

Dass das Leben des Menschen nur ein Traum sei, ist manchem schon so vorgekommen, und auch mit mir zieht dieses Gefühl immer herum. Wenn ich die Einschränkung ansehe, in welcher die tätigen und forschenden Kräfte des Menschen eingesperrt sind; wenn ich sehe, wie alle Wirksamkeit dahinaus läuft, sich die Befriedigung von Bedürfnissen zu verschaffen, die wieder keinen Zweck haben, als unsere arme Existenz zu verlängern, und dann, dass alle Beruhigung über gewisse Punkte des Nachforschens nur eine träumende Resignation ist, da man sich die Wände, zwischen denen man gefangen sitzt, mit bunten Gestalten und lichten Aussichten bemalt – das alles, Wilhelm, macht mich stumm. Ich kehre in mich selbst zurück und finde eine Welt!

1 Hören, lesen und besprechen Sie Bas Böttchers Gedicht »Freiheit im Quadrat«. Welche Perspektive auf das Problem »Vielfalt und Grenzen« wird hier deutlich?

2 In dem Auszug aus Goethes *Die Leiden des jungen Werther* nimmt Werther in einem Brief an seinen Freund Wilhelm ebenfalls Stellung zu dem Problem »Freiheit und Begrenzung«. Welche Position wird erkennbar?

3 Goethes *Werther* ist ein Roman des »Sturm und Drang«. Recherchieren Sie, in welcher Weise das Problem der Begrenzung in dieser Literaturepoche thematisiert wurde.

4 Nennen Sie literarische Strömungen, die explizit die Freiheit von formalen Vorgaben zur Grundlage hatten.

Plädoyer für den freien Vers #11 S.38

1 Lesen Sie das Gedicht »Natur und Kunst« von Goethe und entwickeln Sie eine Interpretationshypothese.
Zur Verstehenshilfe können Sie den unten stehenden Text verwenden.

2 Vergleichen Sie Goethes Gedicht mit Bas Böttchers »Plädoyer für den freien Vers«. Wie wird hier das Problem von Freiheit und Bindung gelöst?

Johann Wolfgang von Goethe

Natur und Kunst (1800)

Natur und Kunst, sie scheinen sich zu fliehen,
Und haben sich, eh' man es denkt, gefunden;
Der Widerwille* ist auch mir verschwunden,
Und beide scheinen gleich mich anzuziehen.

Es gilt wohl nur ein redliches Bemühen!
Und wenn wir erst in abgemessnen Stunden;
Mit Geist und Fleiß uns an die Kunst gebunden,
Mag frei Natur im Herzen wieder glühen.

So ist's mit aller Bildung auch beschaffen:
Vergebens werden ungebundne Geister
Nach der Vollendung reiner Höhe streben.

Wer Großes will, muss sich zusammenraffen:
In der Beschränkung zeigt sich erst der Meister,
Und das Gesetz nur kann uns Freiheit geben.

Johann Wolfgang von Goethe (1749–1832)

* Widerwille = Gegensatz

Erich Trunz

Johann Wolfgang von Goethe (1988)

Das Problem der Harmonie von Natur und Kunst, schon in der Jugend empfunden [...] taucht in der Zeit der Klassik neu auf und verknüpft sich mit dem von Freiheit und Gesetz: »Der Mensch ist nicht eher glücklich, als bis sein unbedingtes Streben sich selbst seine Begrenzung bestimmt« Lehrjahre, Bd. 7, S. 553, 14–16 [...] Begrenzung und Bindung gehören zum Wesen alles Gebildeten, sei es Naturgebilde, Kunstwerk oder Mensch [...] Die Kunst scheint zunächst unter strenger Bindung zu leiden, aber dem tiefer Blickenden zeigt sich, dass sie eben durch diese frei ist und dadurch wieder Natur. Dieser Gedanke wird nicht nur ausgesprochen, sondern er symbolisiert sich als Form, denn das Sonett ist strengste Beschränkung; scheinbar eine Fessel, macht es in Wirklichkeit die Sätze zum schönen und klaren Klang-Gefüge, das zu einem Höhepunkt am Ende hinstrebt, wobei der Schlussreim auf das Vorhergehende zurückgreift, gleichwie der Schlussgedanke Zusammenfassung und Lösung des Vorhergehenden ist.

Einen Essay verfassen

»Je mehr die Kunst kontrolliert, begrenzt und gearbeitet ist, umso freier ist sie […] Wenn mir alles erlaubt ist, das Beste und das Schlimmste, wenn mir nichts Widerstand bietet, dann ist jede Anstrengung undenkbar, ich kann auf nichts bauen, und jede Bemühung ist demzufolge vergebens […]«

Igor Strawinsky (1882–1971)

»Kraft wird aus dem Zwang geboren und stirbt an der Freiheit «.

Leonardo da Vinci (1452–1519)

1 Fassen Sie die unterschiedlichen Positionen, die in den Texten von Böttcher, Goethe, Strawinsky und da Vinci zum Ausdruck kommen, in einer Tabelle zusammen. Listen Sie Argumente für Freiheit und für Begrenzung auf. Ergänzen Sie diese Liste mit eigenen Überlegungen, die nicht nur die Kunst bereffen müssen.

Unbeschränkte Freiheit	**Begrenzung**
Metrik zwingt Poesie in Korsette *(Plädoyer für den freien Vers)* …	Ungebundene Geister werden keine Vollendung erreichen *(Natur und Kunst)* …

2 Schreiben Sie einen Essay zu dem Problem »Freiheit und Begrenzung«. Berücksichtigen Sie dabei die erarbeiteten Positionen zur Kunst und zum Leben (S. 11–13).

Zeit- und Gesellschaftskritik

Dran glauben #2 S.16

Einen Text deuten

1 Hören und lesen Sie den Text »Dran glauben«. Versuchen Sie, in einem ersten Zugriff zu klären, welches Bild dieses Gedicht von der gesellschaftlichen Wirklichkeit zeichnet.

2 Der Text enthält einige doppeldeutige sprachliche Wendungen. Kennzeichnen Sie diese und versuchen Sie, das Bedeutungsspektrum, das sich durch diese Zweideutigkeit auftut, einzugrenzen.

3 Nimmt der Text eindeutig Stellung? Wählen Sie eines der folgenden Statements aus und versuchen Sie, dieses argumentativ zu stützen:

Der Text kritisiert die Zeit und die Gesellschaft, in der wir leben.	Der Text beschreibt unsere gesellschaftliche Wirklichkeit, wertet aber nicht.	Der Text begrüßt die Möglichkeiten der Zeit, in der wir leben.

Dies zeigt sich daran, dass …

Gedichtstrophen umgestalten

1 Wie werden die Leserinnen und Leser bzw. die Hörerinnen und Hörer in diesem Gedicht angesprochen? Diskutieren Sie die Wirkung. Erproben Sie andere Möglichkeiten der Leseransprache, indem Sie einzelne Strophen umarbeiten.

2 Welche Werte, die Ihnen wichtig oder die in unserer Gesellschaft bedroht sind, fallen Ihnen ein? Entwerfen Sie weitere Strophen im Stil Bas Böttchers. Versuchen Sie dabei, die formale Struktur von »Dran glauben« möglichst genau beizubehalten.

Häng deine ___

häng deine ___

zum Glück gibt's die Täuschung.
Also:
Dran glauben!
Kram kaufen!
Augen schließen!
Den Schwindel genießen!

Fühlothek

#9 S.34

Ein Gedicht vervollständigen

1 In den beiden Strophen des Gedichts »Fühlothek« fehlen jeweils drei Verse, die aus aneinandergereihten Begriffen bestehen. Versuchen Sie, die Begriffe unten in die sechs Leerzeilen einzuordnen. Schlagen Sie Begriffe, die Sie nicht kennen, nach. Welche Möglichkeiten der Zuordnung ergeben sich?
Das letzte Wort des Gedichts fehlt ebenfalls. Überlegen Sie, welches Wort passen könnte.

Shaved Bush
Angelina Jolie Che Guevara
La Bomba E.T. Weep Not Child
Agatha Christie Bullshit berlinerWald
Chupa Chups George Bush Labello
Manchego Winnie Puuh Chihuahua
Leporello Wienerwald Libido
Windows & Winnetou Lido
Winnie Mandela
Gina Wild

2 Vergleichen Sie Ihre Varianten. Welche Deutungsmöglichkeiten lassen Ihre Texte zu?

3 Hören und lesen Sie nun das Gedicht »Fühlothek«. Vergleichen Sie Ihre Version mit Bas Böttchers Text. Welches Zuordnungsprinzip hat er gewählt?

4 Welche Begriffe stehen nebeneinander? Lässt sich aus den unterschiedlichen Konstellationen eine Aussage erschließen?

Bekommbar auf den Grabbeltischen der Großstadt,
bekommbar von der Stange der Straßenstände,
bekommbar in den Restposten der Grossisten,
bekommbar im Doppelpack,
bekommbar, bekommbar, bekommbar, bekommbar!

Der Content für die Leere deiner Rohlinge:

____

____

____

Bekommbar an der Tanke,
bekommbar beim Bringdienst ,
bekommbar im Zehnerpack,
bekommbar, bekommbar!

Daten für das Breitband deiner Glasfaser:

____

____

____

Bekommbar am Schalter,
bekommbar am Spender,
bekommbar im Zehnerpack,
bekommbar, bekommbar, bekommbar, bekommbar!

Call a Pizza! Call a taxi! Call a girl!

Call a ______________________________

Ein Gedicht interpretieren

1 Formulieren Sie eine Gesamtdeutung des Gedichts »Fühlothek«. Berücksichtigen Sie dabei auch den Titel und den letzten Vers.

Fünffacher Wortwert #7 #3 S. 26

Eine Werbeanzeige entwerfen

1 Was verspricht die Agentur »Fünffacher Wortwert«? Entwerfen Sie eine Werbeanzeige für diese Agentur.

Anzeige

Einen Text umgestalten

1 Zeigen Sie am Beispiel von Goethes *Faust*-Monolog, wie dieser Text von der Agentur »Fünffacher Wortwert« überarbeitet werden könnte.

Johann Wolfgang von Goethe

Faust (1808)

Faust Habe nun, ach! Philosophie,
Juristerei und Medizin,
Und leider auch Theologie
Durchaus studiert, mit heißem Bemühn.
Da steh' ich nun, ich armer Tor,
Und bin so klug als wie zuvor!
Heiße Magister, heiße Doktor gar,
Und ziehe schon an die zehen Jahr'
Herauf, herab und quer und krumm
Meine Schüler an der Nase herum –
Und sehe, dass wir nichts wissen können!
Das will mir schier das Herz verbrennen.
Zwar bin ich gescheiter als all die Laffen,
Doktoren, Magister, Schreiber und Pfaffen;
Mich plagen keine Skrupel noch Zweifel,
Fürchte mich weder vor Hölle noch Teufel –
Dafür ist mir auch alle Freud' entrissen,
Bilde mir nicht ein, was Rechts zu wissen,
Bilde mir nicht ein, ich könnte was lehren,
Die Menschen zu bessern und zu bekehren.
Auch hab' ich weder Gut noch Geld,
Noch Ehr' und Herrlichkeit der Welt;
Es möchte kein Hund so länger leben!
Drum hab' ich mich der Magie ergeben,
Ob mir durch Geistes Kraft und Mund
Nicht manch Geheimnis würde kund;
Dass ich nicht mehr mit sauerm Schweiß
Zu sagen brauche, was ich nicht weiß;
Dass ich erkenne, was die Welt
Im Innersten zusammenhält,
Schau' alle Wirkenskraft und Samen,
Und tu' nicht mehr in Worten kramen […]

Rainer Maria Rilke

Ich fürchte mich so vor der Menschen Wort (1899)

Ich fürchte mich so vor der Menschen Wort.
Sie sprechen alles so deutlich aus:
Und dieses heißt Hund und jenes heißt Haus,
und hier ist Beginn, und das Ende ist dort.

Mich bangt auch ihr Sinn, ihr Spiel mit dem Spott,
sie wissen alles, was wird und war;
kein Berg ist ihnen mehr wunderbar;
ihr Garten und Gut grenzt grade an Gott.

Ich will immer warnen und wehren: Bleibt fern.
Die Dinge singen hör ich so gern.
Ihr rührt sie an: sie sind starr und stumm.
Ihr bringt mir alle die Dinge um.

1 Welchen Stellenwert hat Sprache in »Fünffacher Wortwert«?

2 Diskutieren Sie, inwiefern es sich bei »Fünffacher Wortwert« um einen sprachkritischen Text handelt.

3 Vergleichen Sie den Text mit Rilkes Gedicht »Ich fürchte mich so vor der Menschen Wort«.

4 Verfassen Sie einen kurzen Text, in dem das lyrische Ich aus Rilkes Gedicht zur Agentur »Fünffacher Wortwert« Stellung nimmt.

Rainer Maria Rilke (1875–1926)

INFO Sprachkritik
meint einerseits die Analyse des Sprachgebrauchs von der Stilkritik bis zur Kritik von Sprachformen in Presse, Rundfunk, Fernsehen oder Internet, verbunden mit der kritischen Analyse der Inhalte und ideologischen Bedingungen; andererseits bezieht sich Sprachkritik auf sprachphilosophische Bestrebungen, Sprache auf ihre Erkenntnisfunktion hin zu untersuchen.

2 Wochen Karibik #15 S. 48

Schreiben über Guantánamo

Gefangene im US-amerikanischen Marinestützpunkt Guantanámo auf Kuba, 2002

Demonstration von amnesty international in Paris, 6. 1. 2007

Pro	Contra

1 Sehen Sie sich die nebenstehenden Fotos an. Beschreiben Sie Ihre Assoziationen zu den Bildern.

2 Lesen Sie den Text »2 Wochen Karibik«. Welche sprachlichen Mittel werden eingesetzt?

3 Wie würden Sie den Ton, in dem das Gedicht gehalten ist, beschreiben?
Finden Sie mindestens drei Adjektive.

4 Darf man so über Guantánamo schreiben? Diskutieren Sie, inwiefern mit diesem Gedicht eine angemessene Auseinandersetzung mit diesem Thema gelungen ist. Sammeln Sie zunächst Argumente und tragen Sie diese in die Pro-Contra-Tabelle ein.

5 Spielen Sie die Redaktionskonferenz einer literarischen Zeitschrift, in der kontrovers diskutiert wird, ob das Gedicht »2 Wochen Karibik« abgedruckt werden soll.

Der Spoken-Word-Poet Bas Böttcher

Zentrifugal: Poesiealbum (1996) S. 58

1 Die Band Zentrifugal wählt für ihren Text »Poesiealbum« verschiedene Techniken, um Wörter und Inhalte miteinander zu verbinden. Das Resultat ist ein extrem »dichter« Text.
Versuchen Sie, möglichst viele Verbindungen der Wörter und Inhalte grafisch zu markieren und zu benennen.

Verweis auf die Bibel · Assonanz · Schüttelreim · Gegensatz · Wortspiel, das Sprache und Tennis verbindet (Paranomasie)

Am Anfang war der Funk, ihm verdank ich für
eloquente Stereomonologe den Basslauf,
schlag mein Poesiealbum auf und ich hab Aufschlag,
Vorteil, Vorschlag. Ich spiel mit dem Satz und sieg,
ich hab richtige Gedichte im Raprepertoire
sowie pulsierende Poesie für Sie,
und zwar kurzweilige Zweizeiler, zeitweilig ziemliche Vielzeiler,
verziert mit nackten Fakten. Fazit: Wenn ich meine
Eindrücke ausdrücke, wind ich mich in Wendungen,
ich wende mich an Windungen in meinem Gehirn.
Wenn Dinge dank Gedanken aus dem Nichts entsteh'n,
ist mein Plansoll erfüllt: eine eigene Welt aus Ideen,
der Urknall für das All und all das ist dann mein
Album. Meine Poesie, die Materie, ist eindeutig,
zweideutig, dreist und deutlich,
eben auf mehreren Ebenen,
folglich vielsagend, ohne zu viel Worte zu machen,
für den Fachmann fünffach verdreht wie nach 'nem Flachmann,
vielfach fächerübergreifend, doch gegen Übergriffe,
nein, da greife ich ein, nicht nur mit Texten allein […]

Einen Text analysieren

1 Lesen Sie den gesamten Text. Gliedern Sie ihn in Sinnabschnitte und geben Sie den einzelnen Abschnitten Überschriften.

Am Anfang ... –	

2 Versuchen Sie, Bezüge von inhaltlicher Aussage und formaler Gestaltung herzustellen, und formulieren Sie einen Einleitungssatz für einen Interpretationsaufsatz zu diesem Text. Berücksichtigen Sie dabei auch, dass der Text für eine mündliche Vortragssituation geschaffen wurde.

Gedichte vergleichen

1 Lesen Sie Ulla Hahns Gedicht »Ars poetica«. Vergleichen Sie den Umgang mit Stilmitteln und die inhaltliche Aussage des Gedichts mit dem Text »Poesiealbum«.

Ulla Hahn
Ars poetica (1981)

Danke ich brauch keine neuen
Formen, ich stehe auf
festen Versesfüßen und alten
Normen Reime zu Hauf

zu Papier und zu euren
Ohren bring ich was klingen soll
klingt mir das Lied aus den
Poren rinnen die Zeilen voll

und über und drüber und drunter
und drauf und dran und wohlan
und das hat mit ihrem Singen
die Loreley getan.

INFO Gedichte vergleichen

Um zwei Gedichte miteinander vergleichen zu können, muss zunächst ein Vergleichsaspekt (Fokus) gewählt werden. Dieser Aspekt muss in beiden Texten dominant vorhanden sein. Es kann sich dabei um inhaltliche Aspekte bzw. bestimmte Motive oder aber um sprachlich-formale Besonderheiten handeln.

Im Anschluss wird dann untersucht, wie der Aspekt in den einzelnen Texten verarbeitet wurde. Hier kommt es auf Gemeinsamkeiten ebenso an wie auf Unterschiede. Gerade die Unterschiede sind mitunter sehr aufschlussreich in Bezug auf die Aussage der Texte. Bei einem Vergleich von Gedichten aus unterschiedlichen literarischen Epochen lassen sich daran oftmals epochentypische Merkmale festmachen.

Mal eben überschlagen – Zum künstlerischen Hintergrund (2001) S. 60

Sprachliche Mittel	Textbeispiele

1 Lesen Sie die ersten beiden Seiten des Essays »Mal eben überschlagen«. Notieren Sie die sprachlichen Mittel, die Sie dort finden.

INFO Autorpoetik
Der Begriff bezeichnet alle in sich abgeschlossenen Äußerungen von Autoren über ihr Schreibverfahren. Zentrales Thema ist die Poiesis der Texte, deren Konstruktionsverfahren und Entstehungsbedingungen. Aufgrund der individuellen Anlage ist die Variationsbreite groß, vom biographischen Bericht bis zur komplexen Selbstreflexion […] Der Wert von A. als Gattung liegt in der konkreten Kartographie literar. Techniken sowie in der konzisen persönlichen Information. Grundsatzfragen der Literatur werden stets mitthematisiert […]

2 Rekonstruieren Sie in Gruppen eine »Autorpoetik« Bas Böttchers.

INFO Poiesis
(gr. »herstellendes Tun«) seit Aristoteles verwendeter Begriff für die welterzeugende Tätigkeit der dichterischen Einbildungskraft. – Die P. betont gegenüber der in der Mimesis herausgestellten Nachahmung einer außerliterar. Wirklichkeit den Charakter des literar. Werks als Hervorbringung einer dem handwerklichen Können und der Imagination des Künstlers entsprungenen Eigenwelt der Dichtung, die zwar Analogien zur realen Erfahrungswelt aufweist, diese aber zugleich überschreitet und ihr, als fiktionale Gegenwelt, den Spiegel ihrer unrealisierten Möglichkeiten vorhält […]

Aus: Ansgar Nünning (Hg.): Metzler Lexikon Literatur- und Kulturtheorie (2004)

Gruppenpuzzle

1 Bilden Sie zuerst Expertengruppen und bearbeiten Sie einen der Arbeitsaufträge.

Gruppe a)
Lesen Sie den Text »Mal eben überschlagen« und arbeiten sie die zentralen Aussagen heraus. **S. 60**

Gruppe b)
Schauen Sie sich in der Dokumentation auf der DVD das Kapitel »Themen« an. Notieren Sie die zentralen Aussagen. **#6.2**

Gruppe c)
Schauen Sie sich in der Dokumentation auf der DVD das Kapitel »Ideen« an. Notieren Sie die zentralen Aussagen. **#6.3**

Gruppe d)
Schauen Sie sich in der Dokumentation auf der DVD das Kapitel »Sprache« an. Notieren Sie die zentralen Aussagen. **#6.5**

2 Mischen Sie anschließend die Gruppen, sodass in neuen Quergruppen jeweils mindestens eine Vertreterin/ein Vertreter aus den Expertengruppen sitzt. Stellen Sie sich Ihre Ergebnisse vor und erarbeiten Sie ein Plakat.

3 Vergleichen Sie Ihre Ergebnisse mit den Aussagen des Textes »Poesiealbum«. **S. 58**

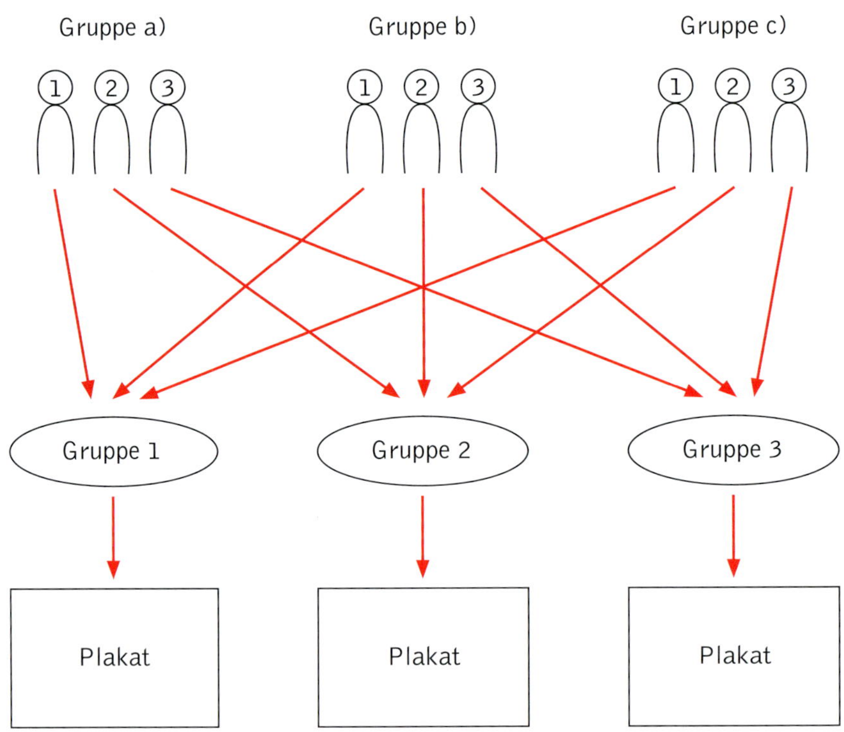

Zeitgeist

Nach dem Loop: Leben #10 S. 36

Moment mal!

1 Erläutern Sie den Begriff »Loop«. In welchen Zusammenhängen wird er verwendet?

2 Beziehen Sie die Karikatur auf den Begriff »Loop«.

3 Hören Sie den Text »Nach dem Loop: Leben«. Benennen Sie fünf Loops, die unser gegenwärtiges bzw. Ihr eigenes Leben am stärksten prägen.

4 Der Titel des Gedichts suggeriert mit dem Doppelpunkt nach »Loop« und dem anschließenden großen Anfangsbuchstaben von »Leben«, dass nach dem Loop das Leben beginnt. Diskutieren Sie: Kann man den Loops entkommen? Ist ein Leben nach den Loops vorstellbar?

5 Sehen Sie sich die Abbildung im Buch zu dem Text »Nach dem Loop: Leben« an. Notieren Sie Ihre Assoziationen und versuchen Sie, auf dieser Grundlage ein Gedicht zu schreiben.

Alles in allem #1 S.12

Ein Gedicht vervollständigen

Liebeslyrik?

1 Vervollständigen Sie das Gedicht »Alles in allem« von Bas Böttcher.

Im Kino kann man all die Dinge in groß angucken,
die man sonst nur in klein oder gar nicht angucken kann.
Im Kino kann man was erleben, ohne sich zu bewegen.
Im Kino kann man Spaß haben, auch wenn der Film schlecht ist.
Und das Beste am Kino ist, dass auch du ein Teil vom Kino bist.

In Anbetracht dessen und ganz allgemein
Kann man sagen, im Großen und Ganzen
ist alles in allem das Kino nicht schlecht.
Aber schau mal dagegen: die Großstadt!

In der Großstadt wohnen hauptsächlich Großstädter.
Aus der Großstadt kann man jederzeit ins ländliche Umland fliehen.
In der Großstadt kann man anonym bleiben,
ohne dass es überhaupt jemand bemerkt.
Und das Beste an der Großstadt ist,
dass auch du ein Teil der Großstadt bist.

Und außerdem enthält halt
die Großstadt sowieso schon Kino.

In Anbetracht dessen und ganz allgemein
kann man sagen, im Großen und Ganzen
ist alles in allem das Kino nicht schlecht
und auch alles in allem die Großstadt nicht schlecht.
Aber schau mal dagegen: ______________________________!

____

____

____

____

____

____

Und das Beste an ____________ ist,
dass auch du ein Teil __________ bist.

Und außerdem enthält halt
__________ all die Großstädte sowieso und Kino.

In Anbetracht dessen und ganz allgemein
kann man sagen, im Großen und Ganzen
ist alles in allem das Kino nicht schlecht
und auch alles in allem die Großstadt nicht schlecht
und auch alles in allem ____________ nicht so schlecht.
Aber schau mal dagegen: _____________________________!

____
____
____
____

Und das Beste ___________ ist, dass auch du ein Teil ___________ bist.

Und außerdem enthält halt ___________________________,
all die Großstädte sowieso und Kino.

In Anbetracht dessen und ganz allgemein
kann man sagen, im Großen und Ganzen
ist alles in allem das Kino nicht schlecht
und auch alles in allem die Großstadt nicht schlecht
und auch alles in allem ___________ nicht so schlecht
und auch alles in allem _______________ nicht schlecht.
Aber schau mal dagegen: _____________!

2 Hören Sie nun das gesamte Gedicht »Alles in allem« und vergleichen Sie es mit Ihrer Fassung.

3 Entscheiden und begründen Sie: Ist »Alles in allem« ein Liebesgedicht? Berücksichtigen Sie dabei auch den Titel des Gedichts.

4 Definieren Sie den Begriff »Liebesgedicht«.

5 Hören Sie auch die Gedichte »Klebstoff« **#4** und »Liebeserklärung an eine Chinesin« **#5**. Entscheiden und begründen Sie ebenfalls: Sind dies Liebesgedichte?

6 Lesen Sie das Gedicht und fertigen Sie eine Strukturskizze an, die die Anordnung der wesentlichen Elemente des Gedichts in abstrahierter Form wiedergibt.

Driften

#17 S. 52

1 Vergleichen Sie das Gedicht unten mit Bas Böttchers Text »Driften«. Wählen Sie zunächst einen Fokus, also einen zentralen Aspekt, unter dem Sie die Texte vergleichen wollen. Schreiben Sie ihn auf die Leerzeile über der Grafik. Tragen Sie dann Unterschiede und Gemeinsamkeiten an die entsprechende Stelle in der Grafik ein.

2 Welchen »Soundtrack« würden Sie jeweils für die Texte wählen? Müssten sich die Soundtracks unterscheiden? Versuchen Sie, die Musik so genau wie möglich zu beschreiben, oder wählen Sie Musiktitel aus, die Ihnen passend erscheinen, und erproben Sie deren Wirkung.

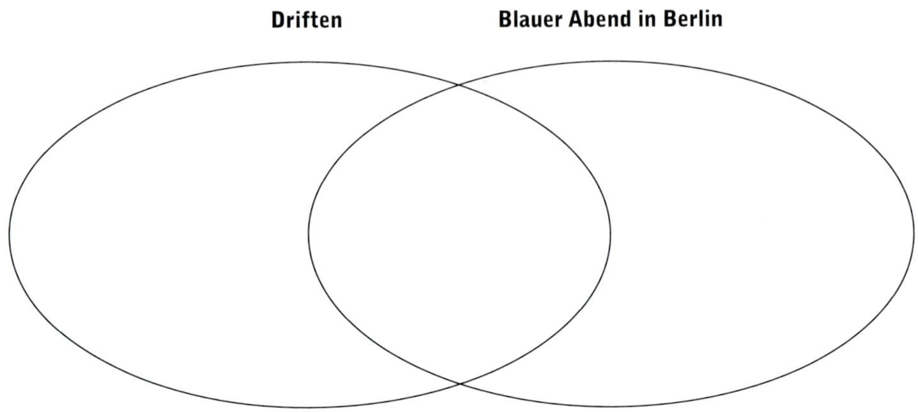

Oskar Loerke

Blauer Abend in Berlin (1911)

Der Himmel fließt in steinernen Kanälen;
Denn zu Kanälen steilrecht ausgehauen
Sind alle Straßen, voll vom Himmelblauen;
Und Kuppeln gleichen Bojen, Schlote Pfählen,

Im Wasser. Schwarze Essendämpfe schwelen
Und sind wie Wasserpflanzen anzuschauen.
Die Leben, die sich ganz am Grunde stauen,
Beginnen sacht vom Himmel zu erzählen,

Gemengt, entwirrt nach blauen Melodien.
Wie eines Wassers Bodensatz und Tand
regt sie des Wassers Wille und Verstand

Im Dünen, Kommen, Gehen, Gleiten, Ziehen.
Die Menschen sind wie grober bunter Sand
Im linden Spiel der großen Wellenhand.

Blumenblüten

#8 S. 32

Text-Bild-Bezüge

Beatriz Milhazes: Käfer (2003)

Claude Monet: Seerosen (1906)

Heinrich Heine

Im wunderschönen Monat Mai (1822)

Im wunderschönen Monat Mai,
Als alle Knospen sprangen,
Da ist in meinem Herzen
Die Liebe aufgegangen.

Im wunderschönen Monat Mai,
Als alle Vögel sangen,
Da hab ich ihr gestanden,
Mein Sehnen und Verlangen.

1 Beschreiben Sie Ihre Assoziationen zu dem Wort »Blumenblüten«.

2 Beschreiben Sie die Bilder »Käfer« von Beatriz Milhazes und »Seerosen« von Monet.

3 Das Gedicht »Blumenblüten« von Bas Böttcher ist nach dem Bild »Käfer« entstanden. Überlegen Sie, inwiefern dieses Bild eine Inspirationsquelle für das Gedicht dargestellt haben könnte.

4 Vergleichen Sie Bas Böttchers Gedicht »Blumenblüten« mit Heinrich Heines Gedicht »Im wunderschönen Monat Mai«. Wie gehen beide mit dem sprachlichen Bild der Blüte um?

5 Schreiben Sie ein Analogie-Gedicht zu »Blumenblüten« mit dem Titel »Vögel«.

Der Tanz #13 S. 42

Kommunikationsformen

1 In der »Dokumentation: Bas Böttcher« #6.6 formuliert der Autor, dass bei Poetry-Slams »Kommunikation [stattfindet] in Clubs und Diskotheken, wo sonst Kommunikation eher über Körper stattfindet. Plötzlich wird wieder gesprochen. Man kann seine Ideen austauschen.« Überlegen Sie, inwiefern beide Kommunikationsformen – über Körper und Bewegungen bzw. über Sprache – miteinander vergleichbar sind. Entwickeln Sie Kriterien, nach denen sie miteinander vergleichbar wären.

2 Lesen Sie den Auszug aus Zoë Jennys Roman *Das Blütenstaubzimmer*. Kennzeichnen Sie Belege für die Sprachlosigkeit der Figuren.

Zoë Jenny

Das Blütenstaubzimmer (1997)

Aus dem Innern des Gebäudes dröhnen schnelle dumpfe Schläge. Rea trägt einen grünen Mini und ein gelbes T-Shirt, das in der Dunkelheit fluoresziert; ich folge ihren hochgeschnürten Lederstiefeln, die über den Platz zum Eingang stapfen. Über dem Eingang hängt ein Transparent mit der Aufschrift *Tarne dich*.

Drinnen herrscht eine tropische Hitze, und in der Halle, in der die Leute tanzen, ist ein Nebel, dass ich sofort die Orientierung verliere. »Schlachthof!« schreit mir Rea ins Ohr und zeigt mit dem Finger an die Decke, wo noch die Haken zu sehen sind, an denen einst Tierleiber hingen. »You are the greatest ravers of this planet!« ruft der DJ durchs Mikrofon, der gehetzt hinter einer erhöhten Anlage mit farbig blinkenden Lämpchen hin und her rennt. Auf jede Seite seines Gesichtes ist ein Schmetterlingsflügel gemalt. Die Tonströme, die der Schmetterlingsmensch auf uns herunterjagt, hüpfen wie tausend kleine Gummibällchen in meinem Bauch. Im Licht des Stroboskops sehe ich nur noch einzelne Körperteile. Auch die von Rea müssen darunter sein, aber ich kann sie nicht mehr erkennen. Ich selbst bin Teil einer großen Körpermaschine, die zittert und die sich aufbäumt und einen hysterischen Lärm veranstaltet, gegen die schreckliche Stille im Kopf. Hinter meinem Rücken bläst jemand in eine Trillerpfeife. Als ich mich umdrehen will, umklammern mich zwei Hände, verschränken sich über meinem Bauch. Ich blicke auf sie hinunter; es sind Männerhände. Ein Körper in einem Plastikanzug drückt sich wie ein Fisch an mich. Er schreit mir etwas ins Ohr, aber ich verstehe nichts und beiße in sein von einem Ring durchstochenes Ohrläppchen. Das Metall schmeckt nach kalter Milch. Ich behalte den Ohrring eine Weile im Mund; bis Rea mit schweren Schritten auf uns zu kommt und mich aus der Umklammerung fortreißt. In der Nähe des Ausgangs lehnen wir uns an die Mauer. »Gehen wir«, sagt sie, »diese Musik bringt mich um, ohne Ecstasy kann ich nicht tanzen.«

Anja Nioduschewski
Nächtliche Interferenz (2003)

auch in lauten Kostümen
nur das rauschen der hände
wie ein blindes Kleid
oder getragnes verlangen
als fortlaufender *big beat*:
in rot oder rapid eye
movement jede flucht
von augen
blicken neben sich
aus der form in bewegtheit
vielleicht hertzfrequenzen
in überlagerung mit zeit
weiliger auslöschung auch
limbo zwischen platten /
tellern oder in-zwischen
echo einer letzten umdrehung
welches den körper auffängt
der aus dem RETREAT (langsam)
wieder in den raum ausläuft
wie sämige dosensuppe
im kopf abkühlt / chill out
mit dj mash oder hunger
danach haben / eben nicht
saturierter sex und keine
trennwände im gedankenklo
nur die nächste scheibe
wie zugefächert
von ventilierenden armen
gezüchtet
aus der chemie der gemüter
als auswurf der glieder
nach einwurf OR TO INHALE
bis im rauschen auch das:
abklingt

3 Lesen Sie auch das Gedicht »Nächtliche Interferenz« von Anja Nioduschewski und das Gedicht »Der Tanz« von Bas Böttcher. Vergleichen Sie alle drei Darstellungen des Tanzes miteinander.

4 Welche Gattung – Prosa oder Lyrik – eignet sich Ihrer Meinung nach besser, um diese Situation zu erfassen? Begründen Sie Ihre Entscheidung.

Meine Paradiese #14 #3 S.44

Paradiesvorstellungen beschreiben

1 Lesen Sie die Definition des Begriffs »Paradies« aus dem Brockhaus. Argumentieren Sie: Kann es nur religiöse oder auch irdische Paradiese geben?

2 Beschreiben Sie Ihre Paradiesvorstellungen.

Mein Paradies … ______________________________

____

____

____

INFO Paradies

[althochdt. paradis, von griech. parádeisos »(Tier)park«, »Paradies«, zu avest. Pairi-daza »umfriedeter Garten«], Bezeichnung für die in vielen Religionen verbreitete, inhaltlich unterschiedliche Vorstellung von einer Stätte bzw. einem Zustand der Ruhe, des Friedens und des Heils am Anfang und Ende aller Zeiten. Es wird auch mit Begriffen wie Insel (Gefilde) der Seligen, Jenseits, Nirvana oder goldenes Zeitalter umschrieben.

Im alttestamentlichen Hebräisch und Aramäisch wird Paradies gebraucht für Park, Baum, Garten oder Lusthof. Für den griechischen Schriftsteller Xenophon (*um 430, † nach 355 v. Chr.), der erstmals den griechischen Begriff »parádeisos« benutzte, sind es die Parkanlagen der persischen Könige. In der Septuaginta bezeichnet Paradies den Garten Eden, in dem (nach I. Mos. 2 und 3) die Menschen (→ Adam und Eva) vor dem → Sündenfall lebten. Selten wird im N.T. auch der Zustand der erlösten Menschen in der Endzeit Paradies genannt (Lk. 23, 43; 2. Kor. 12,4; Apk. 2,7).

Im *Koran* nimmt das Paradies (arabisch Djanna, »Garten«) als Aufenthaltsort der Gläubigen nach der Auferstehung als Belohnung für gute Taten und ein gottesfürchtiges Leben eine zentrale Rolle ein. Es steht im Gegensatz zur Hölle und wird im Koran in zahlreichen Details als Ort des Glücks, der sinnlichen Freuden (meist als Garten mit Flüssen aus Wasser, Milch, Wein und Honig, Suren 14, 23; 47,15) und der Gottesnähe beschrieben. Darüber hinaus ist das Paradies ein Ort des Friedens und der Freiheit von Leid und Sünde.

Im besonders in Japan verbreiteten *Amida-Buddhismus* ist das Paradies das »Reine Land« des Buddha Amithabha, in das er alle aufnimmt, die ihn gläubigen Herzens anrufen, und in dem sie unmittelbar das Nirvana erreichen.

Aus: Der Brockhaus »Religionen« (2004)

Bilder vom Paradies

1 Vergleichen Sie die beiden Bilder. Zeigen sie den historischen Wandel von Paradiesvorstellungen auf.

Peter Paul Rubens: Adam und Eva (um 1620)

Künstliches Paradies: Tropical Islands in Brandenburg

2 Hören Sie den Text »Meine Paradiese« von Bas Böttcher.
Notieren Sie: Was ist in den genannten Paradiesen zu finden?
Argumentieren Sie: Inwiefern handelt es sich, wie der Titel nahelegt, um persönliche Paradiesvorstellungen, die in dem Text entwickelt werden?

3 Erörtern Sie: Sind persönliche Paradies- oder Glücksvorstellungen in der Gegenwart überhaupt noch von (globalem) Konsum und Massentourismus zu trennen?

Die Literaturszene

Slam-Poetry und Popliteratur

In dem Gedicht »Meine Paradiese« werden Firmen- und Markennamen als Kennzeichen der Etappen auf dem Weg zum Paradies aufgezählt. Solche Aufzählungen sind, neben Bezügen zu Popmusik und -kultur, auch ein Merkmal der sogenannten Popliteratur.

Benjamin von Stuckrad-Barre

Soloalbum (1998)

Das »popkulturelle Quintett«, Lesung in der Bar jeder Vernunft in Berlin, 1999

1 Lesen Sie den Auszug aus dem Roman *Soloalbum* von Benjamin von Stuckrad-Barre (1998), der als einer der wichtigsten Texte der neueren deutschen Popliteratur gilt.

2 Lesen Sie die Definition des Begriffs »Popliteratur«. Erläutern Sie, wo Sie Unterschiede und Gemeinsamkeiten zwischen »Popliteratur« und Slam-Poetry sehen.

Trotzdem ist es natürlich schön auf Inseln, sogar in der Nordsee. Als Kind habe ich es da zunächst gehasst – all die Coca-Cola-Kinder mit BMX-Rädern durften mit ihren Eltern im Sommer an die Strände des Südens und im warmen Wasser planschen, wir dagegen mussten entweder an die arschkalte Nordsee oder in die zwar warmen, ansonsten aber reizlosen Berge – zum Wandern. Aber die Nordsee ist großartig, das habe ich inzwischen eingesehen. Das mag mit der Klimakatastrophe zusammenhängen, denn es wird dort tatsächlich immer wärmer, jeden Sommer.

Ich habe eine Woche Urlaub, eine Woche Geld, ungefähr, glaube ich, keine Ahnung. Ich hebe einen ganzen Haufen ab, der ganze Haufen kommt auch tatsächlich aus dem Automaten, hab ich also, weg damit. An die Nordsee. Ich nehme 6 Bücher mit und alle schönen Pullover [...]

Ich gehe jeden Morgen am Strand laufen. Sport geht gut jetzt. Habe Hosengröße 31, das ist gut, wie früher, als ich noch nicht darüber nachgedacht habe. Mir geht es gut wie lange nicht, die Luft, das Wasser – ich fühle mich sehr gesund, lese viel und höre dauernd auf dem Discman die neue Pet-Shop-Boys-Platte – »Bilingual«. Die ist wirklich grandios, genauso gut wie »Behavior«, möchte ich fast behaupten. Also, beinahe so gut. Die erste Single »Before« fand ich ja nicht so gut, ziemlich schlecht sogar, aber hier sind nun ziemliche Hits drauf. Und überhaupt sowieso mal wieder: das Cover!!! Und mindestens eine schöne Zeile für übers Bett: »Call it performance call it art/ call it desaster if the tapes don't start.«

von links: Alexander von Schönburg, Eckhart Nickel, Christian Kracht, Joachim Bessing, Benjamin von Stuckrad-Barre

Im Kaminzimmer des Hotel Adlon, Berlin 1999

INFO Popliteratur

urspr. vom Begriff → Pop Art abgeleitete Bezeichnung von literarischen Schreibweisen, die seit den 60er-Jahren von meist jungen Schriftstellern verwendet werden. Obwohl es inzwischen eine längere Tradition der schriftlichen Fixierung von Bezügen zur Popkultur im Medium der Literatur gibt, ist der Begriff nach wie vor mehrdeutig und missverständlich. Meist bezeichnet P. in einem recht vagen Sinne literarische Veröffentlichungen aus einer popkulturell geprägten Subkultur. Daneben werden auch die literarischen Veröffentlichungen von Popmusikern (L. Cohen, P. Smith, N. Cave, H. Rollins, B. Bargeld) häufig unter dieser Rubrik subsumiert. Sinnvoller erscheint es, von P. dann zu sprechen, wenn die Literatur entweder als Kommunikationsmedium einen Platz im breiten Spektrum der Pop-/Rockmusik einnimmt, oder die Autoren sich (wie in der Pop Art) auf einer Meta-Ebene mit den Signifikanten der populären Kultur auseinandersetzen […] Für Pop-Autoren werden die Signifikanten aus Popmusik und den vielschichtigen, um diese herum organisierten ästhetischen Ausdrucksformen zum Ausgangspunkt literarischen Schreibens. In diesem Sinne entsteht P., wenn die Pop-Signifikanten im literarischen Text neu kodiert werden.

Aus: Metzler-Lexikon Kultur der Gegenwart. Themen und Theorien, Formen und Institutionen seit 1945 (2000)

3 Betrachten Sie die Fotos und diskutieren Sie, welchen Eindruck die Selbstdarstellung der Autoren auf Sie macht.

Der stolze Literat #12 S. 40

Lesung und Poetry-Slam vergleichen

Festival junger Autoren, Volksbühne Berlin, April 2003

Bas Böttcher im berlinerWald, April 2009

1 Waren Sie schon einmal auf einer Lesung oder einem Poetry-Slam?
Falls ja, was hat Ihnen gefallen oder nicht? Falls nein, welche Veranstaltung würden Sie vielleicht als Nächstes besuchen? Begründen Sie Ihre Wahl.

2 Erläutern Sie, worin Sie Unterschiede und Gemeinsamkeiten zwischen einer Lesung und einem Poetry-Slam sehen.

Lesung	Poetry-Slam

3 Recherchieren Sie U20-Slams in Ihrer Gegend und Teilnahmebedingungen.

Ein »Dichterbild« entwerfen

1 Gruppenarbeit: Welches Bild haben Sie von einem Dichter? Sammeln Sie Eigenschaften, die Ihrer Meinung nach einen Schriftsteller (positiv wie negativ) ausmachen. Finden Sie Symbole für diese Eigenschaften.
Vervollständigen Sie das unten stehende Bild und integrieren Sie Ihre Symbole. Stellen Sie anschließend Ihr Bild Ihren Mitschülern vor.

2 Fertigen Sie ein Porträt von einem oder einer der im Buch abgebildeten Slammer bzw. Slammerinnen an, indem Sie die angegebene Homepage nutzen. S. 96–99

»Dichterbilder« interpretieren

1 Hören Sie das Gedicht »Der stolze Literat«. Interpretieren Sie: Welches Bild zeichnet Bas Böttcher von einem Schriftsteller?

2 Lesen Sie den Text von Nora Gomringer. Wie wird das Dichter-Sein in diesem Text bewertet?

Nora Gomringer im Raketenklub Köln, Juni 2009

Nora Gomringer

Seid ihr alle da (2006)

Wir sind alle da, sitzen oder stehen
Wir sind alle am Hoffen
Wir sind alle wartend
Wir sind alle hier, weil in der Glotze nichts läuft und
Dichter nun mal nicht Anatomie pauken müssen
Wir sind alle so wach
Wir sind alle dabei
Wir sind alle ganz gespannt
Wir sind alle so ungeduldig
Wir sind alle in diesem einen Boot
Wir sind alle so Spione
Wir sind alle spitze
Wir sind alle schadenfroh und elitär
Wir sind alle was wert
Wir sind alle ganz hellhörig
Wir sind alle vernetzt
Wir sind alle nachtragend
Wir sind alle Vegetarier und Volvic-Trinker
Wir sind alle bahn.comfort-Kunden
Wir sind alle underpayed, overworked, underfucked
Wir sind alle unterschätzt
Wir sind alle Superhelden
Baby, wir sind alle mal entdeckt worden
Wir sind alle selbstgerecht
Wir sind alle schön
Wir sind alle stolz
Wir sind alle Erfinder, Zigeuner, Meuterer und Blender
Wir sind alle so schön
Wir sind alle hier wegen Geld, Männern und Frauen
und drei Buchstaben
Wir sind alle hier wegen des Datums, der Datums-
grenze, dem Zeitenwandel, der Uhrenumstellung
Wir sind alle gläubig
Wir sind alle ganz schön schäumig
Wir sind alle schon mal da gewesen
Wir sind alle mordsmäßig gut drauf, seit Jahren
Wir sind alle älter, als wir aussehen, aber sehr schön
Wir sind alle Phobiker und Bluter, haben Glasknochen
und TB
Wir sind alle unheilbar
Wir sind alle geduscht
Wir sind alle trainiert
Wir sind alle recht wortreich
Wir sind alle begnadet und veröffentlicht
Wir sind alle Gourmets und Clochards, Croissants,
Clouseaus und Gitanes
Wir sind alle zeitgemäß
Wir sind alle süß und haben Superkräfte
Bas kann fliegen
Toby durch Wände sehen
Etta sich blind rasieren
Und Seyfarth kann Sächsisch
Wir sind alle sammelbar
Wir sind alle – wie gesagt – was wert
Wir sind alle auf Karten, Fotos, im Internet …, du
solltest uns googeln
Wir sind alle echt voll ok
Wir sind alle dabei, um uns dreht sich die Welt, wir
ordern Frühling, dafür reicht unser Geld
Wir sind alle fesch
Wir sind alle fresh
Wir sind alle einfach noch nicht ganz durch
Wir sind alle davor
Wir sind alle ganz knapp …
Wir sind alle, wir sind Richter
Wir sind alle, wir sind alle
Dichter

Über die Qualität von Slam-Texten

Albert Ostermaier

Zurück zu den Lebenden! (2008)

Meiner Ansicht nach ist es ganz wichtig, dass man die Lyrik öffnet, dass man nicht die Inhalte verrät, sondern kreativ in der Vermittlung ist. Es ist sehr viel passiert durch die Slam-Poetry, die Poetry-Slams, die viele traditionelle Dichter verteufeln. »Das ist Verrat!« »Es hat nichts mit Poesie zu tun!« Aber es hat wahnsinnig viel bewirkt. Über die Poetry-Slams haben sich viele junge Leute für Lyrik begeistert und selber zu schreiben begonnen. Da öffnet sich etwas. Es gibt jetzt Lyriklesungen, die in Klubs stattfinden, mit DJs, mit Musik. Selbst die, die vorher jede Berührung als Sakrileg empfunden hätten, öffnen sich. Dadurch, dass die Lyrik wieder mehr mit der Welt zu tun bekommt und mit ihren möglichen Lesern, wird sie auch besser. Man merkt einfach, dass da nicht mehr nur einige Mönche füreinander schreiben, sondern dass Lyrik direkt und gegenwärtig ist. Natürlich gibt es in der Lyrikszene auch Kämpfe. Es war lange Zeit so, dass zum Beispiel die Lautpoeten jeden, der einen ganzen Satz geschrieben hat, als völligen Dilettanten bezeichneten. Oder wenn man es dann gewagt hat, wie ich, auch einmal »Ich« zu sagen oder ein Liebesgedicht zu schreiben, dann war man ganz unten. Und wenn man dann noch mehr als 15 Lyrikbände verkauft hat, dann war man ohnehin stigmatisiert. Aber jetzt kehren wir zurück zu den Lebenden!

1 Vergleichen Sie die Aussagen des Lyrikers und Theaterautors Albert Ostermaier und des Autors Feridun Zaimoglu. Welche unterschiedlichen Auffassungen werden deutlich? Diskutieren Sie diese.

2 Versuchen Sie, Qualitätskriterien für Slam-Texte zu definieren.

Feridun Zaimoglu

Ich wollte keine Show abziehen (2008)

Bei einer guten Geschichte ist es egal, ob man sie gut vorlesen kann oder nicht, sie bleibt eine gute Geschichte. Und umgekehrt, wie man an schlechten Geschichten sehen kann. Ich bin kein großer Freund von Slam-Poetry, dafür habe ich mir zu viele in meinen Ohren bescheuerte Texte angehört. Da wird Qualität nach der szenischen Performance beurteilt, die natürlich eine Leistung ist. Da werden Autoren prämiert, deren Texte so scheiße sind, dass mir die Worte fehlen. Aber auf der Bühne hatten sie einiges hergemacht. Je länger ich darüber nachdenke, desto mehr komme ich zu der Einsicht: Ob man einen Text vortragen kann oder nicht, vorlesen kann oder nicht, ist nicht wichtig.

Albert Ostermaier (rechts) und Feridun Zaimoglu auf der Frankfurter Buchmesse 2008

Eine Literaturkritik

1 Lesen Sie die Kritik und klären Sie unbekannte Begriffe.

2 Der Kritiker findet Winklers Gedichte
- ☐ gut,
- ☐ schlecht,
- ☐ eher mittelmäßig.

Begründen Sie Ihre Wahl mit Zitaten.
Michael Braun kritisiert an Winklers Gedichten
- ☐ den Inhalt, und zwar …
- ☐ die Form, und zwar …
- ☐ die Sprache, und zwar …

Das Grundprinzip der Lyrik Ron Winklers ist
- ☐ die ironische Brechung von Kindheitsgedichten,
- ☐ die Kombination von romantischen Motiven mit der Fachsprache der digitalen Welt,
- ☐ melancholische Entzauberung von technizistischer Tautologie und idiomatischem Esprit.

Gepixelte Kühe

Ron Winkler entzaubert das Naturgedicht

VON MICHAEL BRAUN

»Glotzt nicht so romantisch!« Brechts Aufforderung würde sich als Motto für die neuen Gedichte des Berliner Lyrikers Ron Winkler gut eignen – freilich kommt Brecht als Referenzgröße für einen ironisch durchtrainierten Bewusstseinspoeten wie Winkler nicht in Frage. In seinem dritten Gedichtband zelebriert der 1973 geborene Berliner Lyriker die Entzauberung romantischer Naturpoesie, indem er den alten Naturstoff mit Fachsprachen vor allem aus der digitalen Welt konfrontiert. Die lyrische Aura von altehrwürdigen Wörtern wie »Regen«, »Vögel« oder »Schnee« zitiert er fast in jedem seiner Gedichte – aber nur um sie dann mit wissenschaftlichen Vokabeln zu konterkarieren.

Schon der Titel seines Gedichtbuchs übt die Kollision zwischen alter Naturmagie und neuer digitalisierter Wahrnehmung der Welt. »Fragmentiert« werden meist Festplatten, keine »Gewässer«. »Der Regen« wiederum, der in der Lyrik traditionell zu den Ingredienzien der Melancholie gehört, schrumpft bei Winkler zum positivistischen »Sachverhalt Regen«, dem in hübscher Tautologie auch noch »Hydrogenität« attestiert wird. Flüchtige Dinge wie »Wolken« werden nicht besungen, sondern in fortschreitender Ernüchterung zu »stillen Tracks« in der »Tabulatorfunktion Wind« profaniert. Und wenn dann noch, archaisch-ländlich, »Kühe« oder »Rehe« auftauchen, dann können sie nur durch den Filter eines Aufzeichnungsmediums oder in digitalisierter Form betrachtet werden. Im »x-referentiellen Selbstportrait« werden die Tiere allzu demonstrativ in rein visuelle Reize verwandelt: »Kühe, jaja, sie stolzierten/ umher wie merkwürdige Schreibmaschinen./ Dabei waren es gar keine Kühe./ Eher in Pixel gefasste schwarzweiße Momente.«

Man registriert bereits auf der ersten Seite dieses Gedichtbuchs, dass sein Autor die Urelemente der Poesie – Wasser, Wolken, Schnee, Jahreszeiten – szientifisch-technizistisch in die Schranken weist. Abgesehen von drei, vier erzählenden Kindheitsgedichten, die ohne wissenschaftliche Prunkzitate auskommen, setzt Winkler ganz auf seine Fachsprachen-Virtuosität. Er macht das mit idiomatischem Esprit und kühnen Bildfindungen. Als lyrischer Diskursmischer vermag er über weite Strecken seines Bandes zu brillieren, nur will er mit ungestilltem Neologismen-Hunger immer noch eine Pointe draufsatteln. Seine metaphorische Eloquenz neigt zu Slapstick hart an der Grenze zum Kalauer. Es wimmelt von Fügungen wie »die Existenzform Frosch betreibt ein Lautaggregat« oder »das Laub enthält keine Revolverblätter«, deren aphoristische Reize rasch verpuffen. In seiner »Köderlandschaft« ist Ron Winkler ein lässiger Flaneur. Aber die Mahnung in seiner »High End Erfahrung« sollte er auch auf sich beziehen: »Möge er sich nicht vergoogeln/ in diesem stark nachlassenden Wald«.

– Ron Winkler: Fragmentierte Gewässer. Gedichte. Berlin Verlag, Berlin 2007. 90 S., 18 €.

Aus: Der Tagesspiegel, 25.3.07

3 Verfassen Sie eine Rezension zur *Poetry-Slam-Expedition*. Veröffentlichen Sie Ihre Kritik, z. B. auf www.bol.de, www.buecher.de oder www.amazon.de.

Slam-Poetry und Street Art

Freiheit im Quadrat #16 S. 51

Aktion »Graffiti – Gedichte aus der Spraydose«

Beim Poesiefestival 2008 der Literaturwerkstatt Berlin trafen sich Sprayer zu einer Aktion »Graffiti – Gedichte aus der Spraydose«. Von Texten inspiriert sprayten sie ihre Versionen der jeweiligen Gedichte als Graffitibilder rundum auf die Außenwand eines leer stehenden Kaufhauses, jeweils neben die von Dichtern handgeschriebenen Texte. Solche Treffen von Poesie und Street Art hat es vorher in Europa kaum gegeben. Bas Böttcher schrieb den Text »Freiheit im Quadrat« an die Wand, das Graffito von tokyoe ist zu dem Text entstanden.

tokyoe, Berlin 2008

1 Betrachten Sie das Graffito zum Text. Scheint es Ihnen »passend«?

2 Wie übersetzt das Graffito das Wortspiel »Freiheit im Quadrat«?

3 Im Interview **#6** bietet Bas Böttcher zwei Lesarten des Titels »Freiheit im Quadrat« an. Sehen Sie sich die Passage an und interpretieren Sie den Titel. Welche Interpretation liegt Ihrer Ansicht nach dem Graffito von tokyoe zugrunde?

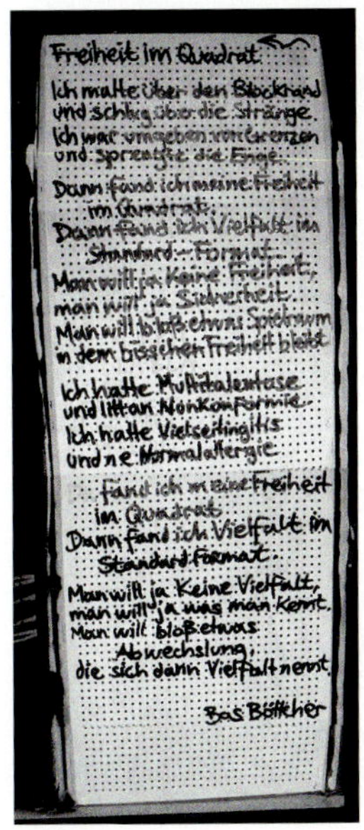

Anne-Lena Mösken

Wie Graffiti, aber immer mit Botschaft

Emess war einmal Meisterschüler an der Universität der Künste. Doch als er sein Studium beendet hatte, konnte er mit Kunst nichts mehr anfangen. Es schien, als ginge es dabei nur um ästhetische Probleme. Doch Kunst, fand Emess, solle sich um Inhalte bemühen. Also ging er auf die Straße und malte seine Bilder an Häuserwände: Friedenstauben, aus deren Bäuchen Bomben fielen – eine Anspielung auf die Politik von George W. Bush. Oder ein Bomberflugzeug, das Fernsehgeräte abwirft, auf denen steht »Watch your head«. Street Art heißt die Kunstform, die Emess, der seinen bürgerlichen Namen nicht nennen will, praktiziert […] Street Art ist geprägt von einem eigentümlichen Paradox: Ihre Gallionsfigur, der Engländer Banksy, hat sich weltweit einen Namen gemacht. Er malte unter anderem Polizisten, die sich küssen, oder Autonome, die Blumensträuße werfen. Seine Kunst wird heute auch von Brad Pitt gekauft […] Trotz aller Berühmtheit und zunehmender Kommerzialisierung ist Street Art aber weiterhin illegal und wird strafrechtlich verfolgt. Emess zieht deshalb meist nachts los, und viele seiner Stücke bestehen mittlerweile aus Plakaten: Die kann er zu Hause vorbereiten und muss sie nur noch aufkleben […] Anders als bei Graffiti geht es bei Street Art immer um die Botschaft: Street Art will irritieren, ansprechen, provozieren. Und sie ist eine Form, sich den städtischen Raum anzueignen.

Aus: Berliner Zeitung, 3.11.2008

1 Lesen Sie den Artikel zu Street Art von Anne-Lena Mösken und die Informationen zu Graffiti. Welche Schlüsselinformationen erhalten Sie über diese Kunstformen?

Graffiti von Emess in Berlin/Kreuzberg, 2009

Circleculture Gallery
Nomad (ohne Datum)

Nomad ist der wohl am meisten gesammelte Künstler Europas. In den letzten sechs Jahren hat er ca. 2000 bis 2500 Sperrmüllobjekte bemalt. Alle Objekte verschwinden innerhalb kürzester Zeit von der Straße. Die Türen von verrosteten Kühlschränken, die er bemalt, werden herausgetreten oder die Seitenwände von alten Kommoden werden von Street-Art-Sammlern abgeschraubt, um einen echten Nomad zu ergattern. Nomad wird regelmäßig zu den entscheidenden Festivals, Ausstellungen und Performances der Street Art eingeladen und zählt in der Szene zu den Top-Aktivisten.

Innerhalb der letzten Jahre hat Nomad seine urbanen Wurzeln mit einer fortlaufend progressiveren künstlerischen Vision verbunden. Der ursprüngliche Straßenkünstler hat durch interaktive Projekte im Innen- und Außenraum (Disco Damokles/ CHB 2008, The Blind Painters Performance/ Urban Affairs 2008) seine Ausdrucksvarianten konzeptionell weiterentwickelt. Fotografie, Malerei und Skulptur treffen DJing und Partykultur. Writing und Streetart paaren sich mit Poesie. In diesem Kontext lernen wir die »Streetart« Nomads als Teil eines Gesamtkunstwerkes kennen, das weit mehr ist als Phänomenologie und weit über seine Person hinauszielt.

1 Vergleichen Sie Street Art und Slam-Poetry. Welche Gemeinsamkeiten, welche Unterschiede sehen Sie?

INFO Graffiti

Ursprünglich aus dem Lateinischen kommend und für eine künstlerische Wandputztechnik verwendet, fand der Begriff »graffito« im 19. Jahrhundert Verbreitung für die Benennung illegal eingeritzter Zeichnungen sowie illegaler Wandzeichnungen schlechthin. Der Begriff (fast ausschließlich im Plural: »Graffiti«) wird verwendet ebenso für die bekannt gewordenen und für die Betrachtung des Phänomens wichtigen Schriftzüge auf New Yorker Subways wie für Leinwandbilder mit aufgesprühten Farben. Dagegen sehen die meisten SprayerInnen den Begriff »Graffiti« als diskriminierend. Sie sprechen von »pieces« (größere, ausgearbeitete Bilder) und »tags« (signaturartige Zeichnungen), ihre Tätigkeit bezeichnen sie als »writing« oder »tagging« und sich selbst als »writer« [...]

Angesichts der sich erheblich unterscheidenden Sichtweisen und Wertungen gegenüber Graffiti liegt es nahe, einige Schwerpunkte vorzustellen:

Die Authentizität des Illegalen ist ein von fast allen Seiten betontes Element. SprayerInnen heben ihr legitimes Recht auf individuellen Ausdruck hervor [...]

Gegenüber einer übermächtigen Gesellschaft und ihrer optischen Benutzeroberfläche stellen SprayerInnen und TheoretikerInnen die Herstellung von Graffiti als Selbstbehauptung heraus [...]

Die komplexe Vielfalt von Schriftstilen der Graffiti beschäftigt die SprayerInnen unter dem Schlüsselbegriff »Style« weitgehend als selbst gemachte Weiterentwicklung aus Typografie, Kalligrafie und vor allem aus formalen und inhaltlichen Elementen von Comics.

Aus: DuMonts Begriffslexikon zur zeitgenössischen Kunst (2002)

Nomad: Reggie hits Shibuya. Yoyobridge, Shibuya, Tokio 2005

1 Lesen Sie das Gedicht. Sehen Sie noch weitere Vorteile des Dichters als den in der letzten Strophe genannten?

2 Wo sehen Sie generelle Unterschiede von Sprache und Malerei? Beachten Sie den unten stehenden Text zur Zeichentheorie.

Bas Böttcher

Vom Vorteil des Malers (2008)

Der Maler kann überall wirken auf Erden,
der Dichter muss erst übersetzt werden.

Der Maler kann Unikate verkaufen,
Gedichtbände müssen in Auflage laufen.

Das Malen ist selbst abstrakt noch sympathisch,
bei Dichtung wirkt sowas oftmals asthmatisch.

Auch sind Genitalien beim Malen handwerkliche Themen,
der Dichter aber muss sie in den Mund nehmen.

»Wo sind die Toiletten?« könn' Maler fragen.
Bei Dichtern wird gleich interpretiert: Was will er uns damit sagen?

Der Maler kann Formen und Farben vermischen,
beim Dichter komm' Wortschatz und Satzbau dazwischen.

Doch wird es dem Maler wohl unlösbar bleiben:
sein' Vorteil vorm Dichter so klar zu beschreiben.

INFO Sprachliches und bildliches Zeichen

Das bildliche und das sprachliche Zeichen unterscheiden sich fundamental.

»Für Semiotiker (Zeichentheoretiker) muss ein Zeichen aus zwei Teilen bestehen: dem Signifikanten (Bezeichnendes) und dem Signifikat (Bezeichnetes). Das Wort ›Wort‹ z. B. – die Ansammlung von Buchstaben oder Lauten – ist ein Signifikant; das, was es darstellt, ist wiederum etwas anderes – das Signifikat […] Der Dichter baut Konstruktionen auf, die auf der einen Seite aus Lauten (Signifikanten) und andererseits aus Bedeutungen (Signifikaten) bestehen, und die Beziehung der beiden kann faszinierend sein. Tatsächlich erklärt sich ein großer Teil dessen, was Dichtkunst so anziehend macht, aus dieser Tatsache: dem Tanz zwischen Klang und Bedeutung.«

Im Bild sind Signifikant und Signifikat fast identisch: Das bildliche Zeichen ist ein Kurzschluss-Zeichen. »Das Bild eines Buches ist viel näher als das Wort ›Buch‹. […] Ein Bild hat eine direkte Beziehung zu dem, was es bezeichnet, ein Wort hat das nur selten.« – etwa bei lautmalerischen Wörtern. Überdies bezeichnet das Wort »Vase« die Klasse aller möglichen Vasen, während das Bild einer Vase immer auch konkrete Eigenschaften einer bestimmten Vase zeigt (mit Henkeln und roten Punkten auf weißem Grund etc.)

Zitate aus James Monaco: Film verstehen (2000)

Präsentationsformen von Slam-Poetry

Alles in allem #1 S.12

Poetry-Clips analysieren

Eine Präsentation des Textes »Alles in allem« liegt auch als Poetry-Clip vor. Poetry-Clips definiert Bas Böttcher als Medium, »Slam-Poesie visuell, akustisch und inhaltlich [zu vermitteln]. Poetry-Clip ist ja ein klares Format. Man sagt, ein Dichter an einem Ort mit einem Text. Kein Schnickschnack, keine technischen Effekte, sondern einfach die Sprache pur wirken zu lassen. Und der eigentliche Film, der findet im Kopf statt. Im Kopf des Betrachters.«
Aus: Dokumentation: Bas Böttcher. **#6.7**

1 Sehen Sie sich den Poetry-Clip des Regisseurs Rolf S. Wolkenstein »Alles in allem« an. Wählen Sie drei Begriffe zur Wirkung des Clips auf Sie.

2 Mit welchem filmischen Mittel beginnt der Clip? Welche weiteren filmischen Mittel können Sie erkennen?

Gedicht und Clip #1 S.12

Einstellungsgrößen

Groß (Close up)

Nah
(Head and Shoulder Close up)

Amerikanisch
(Three quarter shot)

1 Vollziehen Sie nach, wie das lyrische Muster des Textes im Film umgesetzt wird. Beachten Sie dazu die verschiedenen Einstellungsgrößen. Welche Einstellungsgrößen bzw. welche Wechsel zwischen welchen Einstellungsgrößen dominieren die einzelnen Strophen des Gedichts?

2 Inwiefern handelt es sich um eine Verfilmung des Gedichts? Entspricht der Clip dem Gedicht?

3 Beziehen Sie die beiden Zitate des Medientheoretikers Marshall McLuhan auf das Medium »Poetry-Clip«. Hat sich McLuhans Prophezeihung aus den 1960er-Jahren Ihrer Meinung nach erfüllt?

Marshall McLuhan
Die Gutenberg-Galaxis. Das Ende des Buchzeitalters (1962)
Das gesprochene oder gesungene Wort, zusammen mit dem visuellen Bild des Sprechers, ist [...] auf dem besten Wege, durch die Elektronik seine alte Bedeutung wiederzugewinnen.

Die magischen Kanäle (1964)
Als eine auf die Erweiterung unseres Zentralnervensystems hinwirkende Kraft scheint die Technik der Elektrizität das allumfassende und kontaktfreudige, gesprochene Wort mehr zu begünstigen als das spezialisierte, schriftliche Wort. Unsere westliche Werteskala, die auf dem geschriebenen Wort aufbaut, ist durch die elektrischen Kommunikationsmittel Telefon, Radio und Fernsehen bereits beträchtlich ins Wanken geraten.

Dran glauben #2 S.16

Textstruktur und filmische Mittel vergleichen

1 Schauen Sie sich den Poetry-Clip »Dran glauben« des Regisseurs Rolf S. Wolkenstein auf der DVD an. Beschreiben Sie auch hier den Zusammenhang von filmischen Mitteln und Textstruktur bzw. Textaussage.

Die Textbox #5 S. 74–83

Auf der DVD ist ein Textboxauftritt von Bas Böttcher enthalten. Sehen Sie sich den Mitschnitt zu »Nach dem Loop: Leben« an.

Die Textbox ist eine »Möglichkeit, Poesie in einem poesiefeindlichen Umfeld zu vermitteln. Also wenn es laut ist, wenn es unruhig ist, wenn viel Gewimmel herrscht. Dann ist die Textbox so ein abgeschlossener Plexiglaskasten, in dem der Poet steht – abgeschirmt vom Lärm der Außenwelt, – und per Kopfhörer kann man diesem Poeten lauschen, und zwar in Studioqualität. Silbe für Silbe. Jeder Atemzug wird gehört. Jede Lippen- und Zungenbewegung wird gehört. Und das ist für mich das, was eigentlich auch das Sinnliche an Poesie ausmacht.«

Aus: Dokumentation: Bas Böttcher **#6.7**

1 Sehen Sie sich die Zeichnung der Textbox an und lesen bzw. betrachten Sie die nachfolgenden Seiten in der *Poetry-Slam-Expedition*. Beschreiben Sie die Textbox. Gehen Sie auf mögliche technische Details, das Agieren des Autors und die Verbindung zwischen Autor und Publikum ein.

2 Nehmen Sie Stellung zu der rechts oben stehenden Aussage von Bas Böttcher.

3 Diskutieren Sie, was Sie von dieser Vermittlungsmöglichkeit von Lyrik halten. Beziehen Sie die YouTube-Kommentare mit ein.

YouTube-Kommentare zur Textbox

superzeugs am anfang gewöhnungsbedürftig, aber dann entwickelt sich ein hammertext. habs gleich mehrmals im loop gehört

nouseforaname27 etwas selbstverliebt der gute. aber textlich fünf Sterne! ziemlich verrückt, dass Poetry Slam es schon bis Peking gebracht hat.

ChristianGastl versteh ich nicht bzw. beeindruckt mich nicht. was soll das sein? ich finde eine solche art poetry slam eher blamabel.

n84f Wie lustig … es fehlen nur noch die Handycams, Kameras bei den Zuschauern!

Leipziger Buchmesse, März 2009

Mediale Präsentationsformen vergleichen

1 Benennen Sie in Gruppenarbeit jeweils fünf Merkmale der literarischen Präsentations- und Vermittlungsformen Buch, Poetry-Clip, Textbox, Bühne.
Diskutieren Sie in einem Gruppenpuzzle (s. S. 26) die erarbeiteten Merkmale und wählen Sie die drei jeweils wichtigsten Merkmale jeder Präsentations- bzw. Vermittlungsform aus.

Buch	Poetry-Clip	Textbox	Bühne
1	1	1	1
2	2	2	2
3	3	3	3
4	4	4	4
5	5	5	5
1	1	1	1
2	2	2	2
3	3	3	3

2 Bas Böttcher hat an der Bauhaus-Universität Weimar Mediengestaltung studiert – für ihn eine Grundlage, neue Medien bzw. neue Präsentationsformen für Literatur zu erfinden. Stellen Sie sich vor, Sie wären Medienentwicklerin bzw. Medienentwickler:
Haben Sie Ideen, wie man Slam-Poetry noch präsentieren könnte?
Benennen Sie Vorteile, aber auch mögliche Nachteile der von Ihnen vorgeschlagenen Formate.

Das Medium »(gesprochene) Lyrik«

1 Lesen Sie die Abschnitte 1 bis 5 des Textes »Ausgesprochen wirksam! Ein Plädoyer für die Wiederentdeckung der akustischen Dimension von Dichtung«. **S. 66/67** Entscheiden Sie: In welcher *ursprünglichen* Publikationsform würden Sie eigene Gedichte am liebsten publizieren? Begründen Sie Ihre Entscheidung.

2 Lesen Sie den Text »Mündlichkeit und Schriftlichkeit«. Legen Sie die Merkmale mündlicher Dichtung in eigenen Worten dar.

Aleida Assmann

Mündlichkeit und Schriftlichkeit (2008)

Die mündliche Inszenierung von Dichtung ist immer multimedial. Das erklärt sich aus der (festlichen) Aufführungssituation ebenso wie aus mnemotechnischer Notwendigkeit. Musik, Rhythmus, Tanz und Stimme sind körperliche Medien, die das Gedächtnis mit abstützen. Dieses reichhaltige Ensemble einer verkörperten Mnemotechnik, das die Griechen »mousiké« nannten und den Musen unterstellten, wird von der Schrift aufgelöst. Übrig bleibt dann von all diesen verschiedenen Zeichensystemen nur noch ein einziger Strang, die Sprache. Und auch diese ist noch von der Stimme abgetrennt und, ihrer klanglichen Artikulation entkleidet, auf eine unsinnliche Buchstabenkette reduziert. Mit der Verschriftlichung geschieht dabei noch etwas anderes, ebenso Einschneidendes: Der Wortlaut wird fixiert. Während mündliche Dichtung in aller Regel nur als die Summe ihrer Varianten existiert, zu denen es kein stabiles Original, keinen so genannten ›Urtext‹ gibt, verfestigt die Schrift den Wortlaut allererst zum Text […].

Eine nicht auf dem Papier, sondern im Gedächtnis gespeicherte Dichtung weist bestimmte Merkmale auf, die sie von der Literatur im literalen (d. h. buchstäblich fixierten) Sinne unterscheiden.
Einige dieser Merkmale sind:

- Die Prinzipien körperlicher Mnemotechnik sind der Dichtung nicht äußerlich, sondern schlagen sich in der sprachlichen Komposition nieder. Rhythmus, Alliteration, Reim sind in mündlich verfassten Kulturen nicht nur als Schmuck zu verstehen, sondern immer auch als Gedächtnisstrategien.

- Mit Ausnahme heiliger, im Wortlaut memorierter Texte, werden im Falle von Erzählungen die Tiefenstrukturen, die Baupläne der Texte auswendig gelernt, während die Gestaltung der Oberflächenstruktur in jeder Wiederholung frei variiert wird. Der Mediävist Paul Zumthor hat hierfür den Begriff der »mouvence« geprägt; mündliche Kompositionen bestehen nicht in starrer Form, sondern als Variation im Strom der Tradition. Dabei spielt der Formelschatz eine große Rolle, der ein Repertoire einsatzbereiter Wendungen anbietet. Diese halten als Relaisstationen des Gedächtnisses den poetischen Reproduktionsprozess in Gang.

- Was im Gedächtnis aufbewahrt wird, muss regelmäßig in der Wiederholung reaktiviert werden, damit es nicht vergessen wird. Wichtige Anlässe für Wiederholung stellen in Gedächtniskulturen die Feste dar. Sie bieten den Rahmen für feierliche Inszenierungen der Überlieferung mit virtuosen Performanzen. Die entscheidende Sicherung mündlicher Überlieferung geschieht also nicht (nur) durch das Gedächtnis, sondern gerade auch durch die Aufführung. Mündliche Dichtung, das hat sie mit der Popkultur und der *slam poetry* gemein, lebt in der Aufführung.

mnemotechnischer gedächtnisstützender

Mediävist Wissenschaftler auf dem Gebiet der Geschichte, Kunst, Literatur usw. des europäischen Mittelalters

3 Bilden Sie Hypothesen: Warum plädiert Bas Böttcher für die »Wiederentdeckung der akustischen Dimension von Dichtung«? Begründen Sie Ihre Wahl.

4 Lesen Sie die Abschnitte 6 und folgende des Textes »Ausgesprochen wirksam! Ein Plädoyer für die Wiederentdeckung der akustischen Dimension von Dichtung«. S. 67–70 Überprüfen Sie Ihre Hypothesen und sammeln Sie Merkmale, anhand derer Bas Böttcher mündliche und schriftliche Dichtung unterscheidet.

1 Lesen Sie die Kritik aus der *Frankfurter Allgemeinen Zeitung*. Wie beurteilen Sie den Artikel?

2 Nehmen Sie Stellung zu der These, Böttchers Texte würden in gedruckter Form zu einer »eindimensional lamentierenden Anklage des unaufhaltsamen spirituellen Niedergangs der Menschheit [...]«.

3 Verfassen Sie einen Leserbrief zu der Kritik.

Sophie Lübbert

Shakespeare war gut (2009)

Der Slam-Poet Bas Böttcher wird abgespeichert

Der Höhepunkt ist der Schluss. In diesem Fall ein künstlerisch verschwommenes Foto des Poeten auf der letzten Seite: Nachdenklich in die Ferne blickend, sitzt Bas Böttcher in einer menschenleeren Bar und lächelt versonnen. Der erschöpfte Dichter, der nach getaner Denkarbeit die Einsamkeit sucht, über den Lauf der Dinge philosophiert, aber dabei trotzdem noch die Muße besitzt, um die gestreiften Socken farblich auf die Jeans abzustimmen – so wollen Peter Bekes und Volker Frederking den preisgekrönten deutschen Slam-Poeten sehen. Das von ihnen herausgegebene Werk »Die Slam-Poetry-Expedition«, ein »Text-, Hör- und Filmbuch«, ist, zusammen mit Böttchers gerade erschienenem neuen Werk »Neonomade«, der Versuch, diesen begabten Dichter und besonders seine ungewöhnliche Kunstform zu ehren – und der buchgewordene Beweis eines Scheiterns.

Denn was auf Bühnen in Hamburg, Köln oder Berlin funktionieren mag, die Annäherung von Dichtkunst an ein breites Publikum im unkonventionell-öffentlichen Wettstreit von Poeten, deren Vortrag sich dem direkten Urteil eben jenes Publikums stellen muss, kurz: die Popularisierung des Gedichtes durch dessen direktes Erleben – in Text-, Hör- und Filmform funktioniert all dies nicht.

Böttcher ist ohne Frage gut. Er hat enormes Sprachtalent, spielt mit Klang, Doppeldeutigkeit und Rhythmus seiner Worte. Seine Gedichte bieten einen frischen Blick auf Alltagssituationen, sind meist von hintersinnigem Witz geprägt; er distanziert sich ironisch von der Welt und sich selbst als Teil davon, nimmt die eigene Person sympathischerweise nicht allzu ernst. Doch auf dem Papier ist dies alles verschwendet. Ohne das Publikum, ohne das Erlebnis der Lesung, von der die Texte nur ein Teil sind, wirken Böttchers Werke nicht. In gedruckter Form fehlt die Komplettierung der Werke durch ihren Vortrag, die auch die beiliegenden Audio-CDs mit den von Böttcher gesprochenen Gedichten nur unzureichend bieten können. Lediglich die kurze DVD mit einigen, viel zu wenigen Liveauftritten gibt eine Ahnung ihres Potentials.

Doch so werden seine Texte zu einer eindimensional lamentierenden Anklage des unaufhaltsamen spirituellen Niedergangs der Menschheit, verursacht durch oberflächliches Konsumdenken: Ein neues Babylon stehe bevor, alles sei käuflich, die Menschen verdorben von der Mediengesellschaft. Jeder Witz, jede Ironie der Gedichte verschwindet, löst sich auf unter einer Moral, die nicht mehr bescheiden im Hintergrund bleibt, sondern sich penetrant in den Vordergrund drängt – ebenso wie der Dichter selbst. Es gibt nur noch die ungefilterte subjektive Sichtweise Böttchers, die paradoxerweise gerade durch dessen körperliche Abwesenheit übermäßig präsent ist.

Passend dazu der Rest des Buches: Kurzessays von Böttcher, in denen er seine Meinung kundtut, über Gedichte an sich, über die eigene künstlerische Entwicklung. Er entblödet sich auch nicht, Kollegen im Geiste zu erwähnen, beispielsweise Shakespeare, den er für seine heutzutage »altertümlich« anmutenden Formulierungen in Schutz nimmt. Der gehört schließlich »zu den Guten«. Schön, dass er das endlich einmal klargestellt hat. Aber auch nur kurz, denn direkt danach muss schließlich eine längere Ausführung über seine eigene Erfindung folgen, die »Textbox« (ein Glaskasten, in dem der Autor seine Werke auf großen Veranstaltungen vorträgt), die wie aus einem Werbeprospekt für Buchmesseorganisatoren entnommen klingt und leider frei von Ironie ist.

Wenn schließlich ein kurzes Glossar Begriffe aus der Poetry-Slam-Szene erklärt, wird man wieder daran erinnert, dass es ja um das interessante Phänomen gemeinschaftlich erlebter Literatur geht, wo der Autor nur ein Teil und nicht der Mittelpunkt ist. Doch zu diesem Zeitpunkt hat sich schon das Bild vom an der Welt leidenden einsamen Dichter verfestigt, das die Herausgeber sehen möchten. Mit einer solchen Veröffentlichung haben sie niemandem einen Gefallen getan, am wenigsten ihrem Helden selbst.

Bas Böttcher: Die Poetry-Slam-Expedition: Bas Böttcher. Ein Text-, Hör- und Filmbuch. Schroedel Verlag, Braunschweig 2009. 128 S., geb., 18,95 [Euro].
Bas Böttcher: Neonomade. Verlag Voland & Quist, Dresden 2009. 28 S. + CD, geb., 16,90 [Euro].

Aus: Frankfurter Allgemeine Zeitung, 24.4.2009

»Einsam in einer konsumverfallenen Welt: Poet Bas Böttcher«

Minnesang – eine Frühform des Poetry-Slams?

Horst Brunner

Walther von der Vogelweide (1996)

1 Sammeln Sie Assoziationen: Welche Vorstellung haben Sie vom Minnesang?

2 Lesen Sie den Text. Welche Vorstellungen werden bestätigt, welche müssen Sie korrigieren?

Auch der Minnesang, wie er um 1200 an den ritterlich-höfischen Zentren Europas als Kunstgattung betrieben wurde, hatte seinen festen Platz nicht in der privaten Lektüre, sondern im höfischen Fest. Zunächst von Adligen oder adelsmäßig lebenden Dienstmannen vorgeführt, handelte es sich beim Minnesang nicht um die literarische Verarbeitung einer privaten Liebesbeziehung. Vielmehr spiegelte sich in der Minnelyrik als repräsentativer Kunstgattung eine Adelsgesellschaft im Bild des vorbildlichen, weil tugendhaften höfisch Liebenden. Neben die adligen Autoren traten zunehmend Dichter, die längerfristig am Hof »angestellt« waren, um dort ihre Kunst der feudalen Oberschicht vorzuführen. Einer der wichtigsten Minnelyriker dieser Zeit war Walther von der Vogelweide (etwa 1170–1230). Einige autobiografische Bemerkungen und Bezüge zur politischen Realität in seinen Liedern lassen Rückschlüsse auf seinen Lebensweg zu. Viele Dichterkollegen nennen seinen Namen, aber außerliterarisch ist er nur in der Reiserechnung eines kunstliebenden Bischofs bezeugt. Von Walther sind 90 Minnelieder und 150 Sangsprüche überliefert.

Die Texte Walthers [...] liegen dem heutigen Publikum üblicherweise in gedruckter Form vor, d. h. sie werden zumeist als Lese-Lyrik rezipiert. Diese modernen Druckfassungen gehen zurück auf die aus dem Mittelalter und der frühen Neuzeit stammenden Handschriften und Frühdrucke, die das Werk Walthers überliefern. Sie stammen allerdings – wie für die Literatur jener Epoche üblich – nicht unmittelbar aus der Zeit und der Umgebung des Autors, sondern es handelt sich um spätere Abschriften. Handschriften, die unter den Augen des Autors, unmittelbar in seinem Auftrag oder gar von ihm selbst geschrieben wurden und von daher ein hohes Maß an Authentizität beanspruchen können, gibt es für die mittelhochdeutsche Sangverslyrik [...] erst aus dem Spätmittelalter [...]

An der Überlieferung der Lieder Oswalds von Wolkenstein (ca. 1377–1445) sowie Michel Beheims (ca. 1416/21 – ca. 1474/78), also zweier Sänger des späten Mittelalters, ist eindeutig zu beobachten, dass die Autoren an ihren Texten gelegentlich Veränderungen, Streichungen und Ergänzungen vornahmen, offenbar bedingt durch veränderte Umstände und durch wechselnde Vortragssituationen – d. h. sie richteten sich nach ihrem Publikum und passten die Texte neuen Entwicklungen an [...]

Walther von der Vogelweide (ca. 1170–1230)

Varianten der Überlieferung, sofern es keine Schreibfehler und vergleichbare Versehen sind, können also solche unterschiedliche Vortragsfassungen widerspiegeln und dokumentieren. Dabei sind verschiedene Aufführungssituationen zu berücksichtigen: die erste Aufführung (also die Uraufführung) durch den Autor, spätere Aufführungen durch den Autor (Reprisen, möglicherweise mit Änderungen) sowie Aufführungen durch andere Sängerinnen und Sänger. Es gab also in vielen Fällen keine wirklich authentische, keine einmalige und unveränderliche Fassung, sondern möglicherweise bereits mehrere Vortrags-Versionen des Autors.

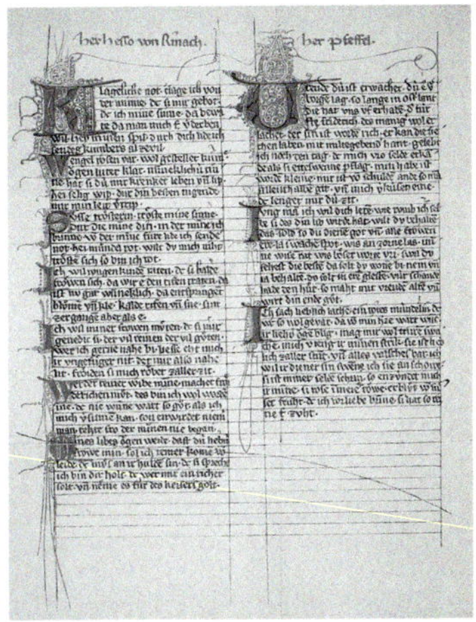

Text aus der großen Heidelberger Liederhandschrift (Codex Manesse)

Drei Liedfassungen

Folgende Strophe aus einem Lied Walthers von der Vogelweide entstammt dem Minnelied »Si wunder wol gemachet wîp«. Das Lied wurde lange als Teil einer »Dichterfehde« zwischen Walther von der Vogelweide und Reinmar dem Alten angesehen, in deren Verlauf beide Kontrahenten mit literarischen Mitteln um einen Platz am Wiener Hof des Herzogs Friedrich und seines Sohnes Leopold IV. gekämpft hätten. Es ist unklar, ob es eine solche »Fehde« gegeben hat; sicher ist, dass es einige direkte intertextuelle Bezüge in verschiedenen Gedichten beider Autoren gibt, die auf einen Wettstreit oder aber auf eine Selbstinszenierung des einen zuungunsten des anderen schließen lassen.

Walther von der Vogelweide

Si wunder wol gemachet wîp

Handschrift C

Si wunder wol gemachet wîp,
daz mir noch werde ein habendanc!
ich setze ir minneklîchen lîp
vil hôhe in mînen werden sanc.
gerne ich allen dienen sol,
doch hân ich mir dise ûzerkorn
ein ander weiz die sînen wol,
die lob er âne mînen zorn.
hab im wîse unde wort
mit mir gemeine: lob ich hie, sô lob er dort.

Paraphrase:

Sie ist eine so **wundervoll gestaltete Frau** dass ich mir wünsche, **dass mir noch ein** (ihr) **Dank zuteil werde! Ich räume ihrer liebenswerten Gestalt den höchsten Platz in meinem herrlichen Sang ein. Gerne möchte ich ihnen allen** – allen Frauen – singend **dienen, doch habe ich mir diese** eine **ausgewählt. Hält ein anderer** Sänger **die seinige** Minnedame **für gut, die lobe er** dann **ohne meinen Zorn** oder Gefahr der Parodie. **Hat er aber Text und Melodie mit mir gemeins**am: **lobe ich** meine Dame **hier, so lobe er** dann die seine **dort**.

3 Lesen Sie die erste Strophe des Liedes in der Variante der Handschrift C und die nebenstehende Paraphrase. Beschreiben Sie die kommunikative Struktur des Gedichtes. An wen wendet sich das lyrische Ich?

1 Lesen Sie die jeweils erste Strophe des Liedes in den verschiedenen Varianten. Wo sehen Sie Unterschiede?

2 Vergleichen Sie die Verse 5–7 in den Handschriften D und N. Ergeben sich unterschiedliche Deutungen? Wie wären sie zu begründen? Welche Rückschlüsse lassen sich auf die Vortragssituation ziehen?

3 Vergleichen Sie die Vortragssituation von Minnesang und Poetry-Slam. Welche Gemeinsamkeiten, welche Unterschiede sehen Sie?

Walther von der Vogelweide

Si wunder wol gemachet wîp

Handschrift D

Si wunder wol gemachet wîp,
daz mir noch werde ein habendanc!
ich setze ir minniclîchen lîp
vil werde in mînen hôhen sanc.
in allen ich gerne dienen sol
doch hân ich eine dise ûz erkorn
ein ander<er> weiz die sîne wol,
die lobe er gar âne mînen zorn.
hab er mit mir gemeine wîse unde wort:
lob ich hie, sô lobe er dort.

Handschrift N

Vil wunder wol gemachet wîp,
daz mir noch waere ir ‚habe danc'!
ich setze ir minniclîchen lîp
vil hôhen werde in mînen sanc.
gerne ich allen dienen sol,
die hân ich mir ûz erkorn.
ein ander weiz die sînen wol
die lobe <er> âne mînen zorn.
habe imme wîse unde wort
mit mir gemeine, lob ich hie, sô lob er dort.

Aus: Ricarda Bauschke: Die »Reinmar-Lieder« Walthers von der Vogelweide. Literarische Kommunikation als Form der Selbstinszenierung (1999)

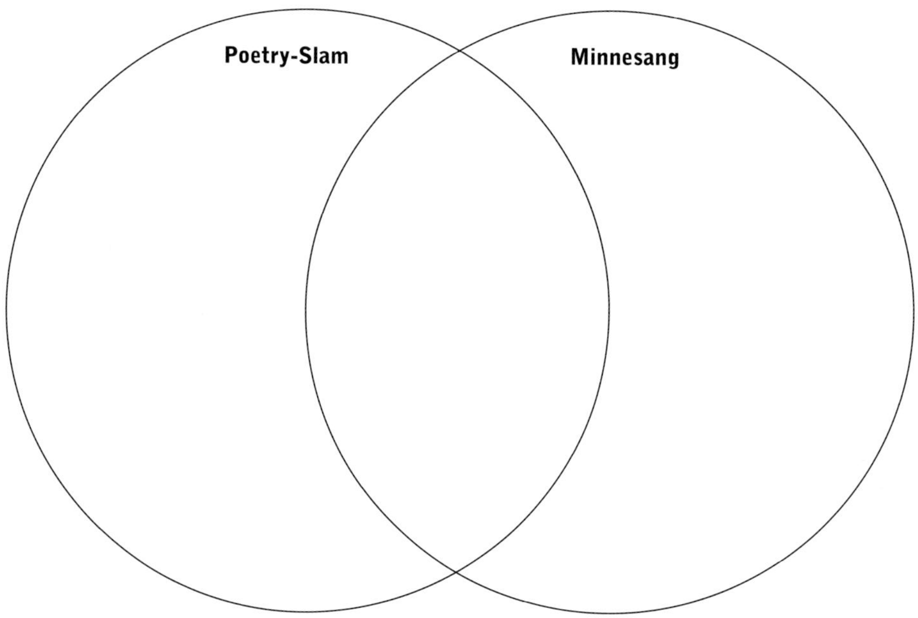

Workshop: Einen Poetry-Clip/ ein Poesievideo produzieren

Der Poetry-Clip ist eine relativ junge Form der Textpräsentation. Anders als bei erzählenden Texten fehlt bei lyrischen Texten häufig eine Handlung, die man im Film erzählen kann. Um konkrete Stimmungen zu erzeugen, werden oft komplexe sprachliche Bilder benutzt. Diese in filmische Bilder umzusetzen, ist nicht immer einfach. So weisen die sprachlichen Zeichen des Textes und die bildlichen Zeichen des Films große Unterschiede auf (vgl. S. 46). Dennoch lohnt es sich, darüber nachzudenken, welche sprachlichen Bilder direkt umgesetzt werden können, und für welche Bilder Ersatzlösungen gefunden werden müssen. Grundsätzlich gibt es zwei verschiedene Möglichkeiten der Umsetzung: den Poetry-Clip oder das Poesievideo. Dem Poesievideo eng verwandt ist der Musikvideoclip.

1 Nutzen Sie die Informationen über den Musikvideoclip zur Diskussion der Unterschiede und Gemeinsamkeiten von Poetry-Clip und Musikvideoclip.

Michael Klant

Clip-Ästhetik (2008)

[Bei der] ***Erzählweise*** [...] kann zwischen narrativ oder non-narrativ unterschieden werden: Narrative Musikclips (oft auch Konzept-Clips genannt) nutzen die Musikdauer für eine inhaltlich zusammenhängende Short Story. Non-narrative Musikvideos dagegen leben von der erzählfreien Folge von Bildern, wie der Performance-Clip, der Musiker beim Auftritt wiedergibt. Der Fluss der Musik »verklammert« hier die Einstellungen.

[Beim] ***Abbildungsmodus*** [...] ist zwischen naturalistischer und abstrahierter Wiedergabe zu unterscheiden. Die naturalistische Wiedergabe bedient sich der fotografischen Realität, die die Kameraoptik erzeugt. Die abstrahierte Wiedergabe umfasst ein breites Spektrum: Schon ein Schwarz-Weiß-Film stellt eine Abstraktion dar, die sich bei Animationsfilmen und bei Verfremdungseffekten im *Experimental Video* (z. B. Verwischung, Videofeedback, *Morphing*) steigern kann und bis zu völlig abstrakten Bildern gehen kann. Als die digital generierten Bilder in den 1990er-Jahren zunahmen, entstand als Gegenreaktion das Bedürfnis nach »Unplugged«-Auftritten.

[Das] Zusammenspiel von ***Ton und Bild*** [kann wie folgt organisiert werden]: Die Aufnahmen können sich auf die Musik beziehen; andersherum kann auch der Schnitt im Takt erfolgen. Der französische Clip-Regisseur Jean Baptiste Mondino jedenfalls ist überzeugt: »Der Sound bestimmt die Richtung des Clips.« Im Gegensatz zur Filmmusik steht beim Clip nicht die Musik im Dienst des Films, sondern der Film im Dienst der Musik.

Schritte

Grundsätzlich kann man bei der Produktion eines Clips in vier Schritten vorgehen:

1. Auseinandersetzung mit dem Text
2. Entwurf eines Storyboards
3. Aufnahme (Film und Ton)
4. Schnitt (Bild und Ton)

1 Auseinandersetzung mit dem Text

Wählen Sie einen Text von Bas Böttcher oder einen Text, den Sie in der Auseinandersetzung mit Bas Böttchers Lyrik selbst produziert haben.

Schreiben Sie den Text auf ein Plakat und markieren Sie Textstellen, die Sie im Hinblick auf eine filmische Umsetzung für wichtig halten, sei es weil sie gut umsetzbar erscheinen, sei es weil sie im Hinblick auf eine Verfilmung problematisch erscheinen. Kommentieren Sie diese Textstellen kurz auf dem Plakat.

Überlegen Sie aufgrund dieser Vorarbeiten, was Ihnen an diesem Text wichtig ist, was Sie von diesem Text in eine filmische Version transportieren wollen.

Überlegen Sie, wie Sie grundsätzlich vorgehen wollen:

- Wollen Sie, wie Bas Böttcher in seinen Poetry-Clips oder in einem Performance-Clip, in erster Linie die Sprecherin/den Sprecher bzw. bei eigenen Texten die Autorin/den Autor des Textes beim Textvortrag zeigen?

- Wollen Sie, wie in einem Konzept-Clip, auch andere Bilder verwenden, die die Textaussage unterstützen?

- Wollen Sie, wie in einem narrativen Clip, eine Geschichte erzählen?

Entwerfen Sie eine Idee für eine Verfilmung. Überlegen Sie bei jeder Visualisierungsidee, wie die Aussage, die Sie mit Ihrem Clip verdeutlichen möchten, erkennbar und wie die Atmosphäre, die Sie erzeugen möchten, spürbar wird.

2 Entwurf eines Storyboards

Das ***Storyboard*** hält in schriftlicher Form die wichtigsten Aspekte der Filmarbeit fest. Es ist dabei nicht wie ein Dramentext die verbindliche Grundlage der Inszenierung, sondern kann im Verlauf des Filmens immer wieder verändert werden. Wenn man fertige Filme mit ihren ursprünglichen Drehbüchern vergleicht, kann man gravierende Unterschiede feststellen. Dennoch ist es wichtig, so genau wie möglich festzuhalten, wie später gefilmt werden soll.

Sie können sich dabei an folgendem Raster orientieren:

Nummer der Einstellung	Time	Skizze mit Erläuterung (Kamerastandort, -perspektive, Einstellungsgröße, Requisiten)	Ton/ Musik	Licht	Handlung (äußere Regie)	Sprechtext	Subtext (innere Regie)	Beabsichtigte Wirkung

Die ***Skizze*** bildet das Bild ab, das der Zuschauer auf der Leinwand oder dem Bildschirm sieht. Töne und Musik müssen in diesem Stadium noch nicht konkret bestimmt werden; es reicht, wenn die Stimmung, die durch die akustischen Elemente erzielt werden soll, möglichst genau beschrieben wird. Im Hinblick auf die Veröffentlichung des Clips (bei öffentlichen Vorführungen oder im Internet) sollte darauf geachtet werden, dass keine Gema-pflichtige Musik verwendet wird. Ein breites Angebot lizenzfreier Musik finden Sie unter:

www.jamendo.com
www.neppstar.net
www.musopen.com
www.opsound.org
www.hoerspielbox.de

Der ***Subtext*** bezieht sich auf den gesprochenen Text: Wie soll gesprochen werden, welche Konnotationen sollen mitschwingen? Die beabsichtigte Wirkung beschreibt die Aussage- und Wirkungsabsicht der Einstellung als Ganzes.

3 Aufnahme

Filmarbeit ist Teamarbeit. Stellen Sie sicher, dass für folgende Bereiche Verantwortliche bestimmt werden:

- Regie
- Kamera
- Ton
- Licht
- Requisite

Der Ton kann auch nachträglich gesprochen werden, falls die Sprecherin/der Sprecher nicht im Bild zu sehen ist. Das Sprechen des Gedichts sollte intensiv trainiert werden, damit eine größtmögliche Wirkung im Sinne der Aussageabsicht erzielt werden kann. Auf folgende »Axiome der Prosodik« sollte geachtet werden:

Lesetempo (Geschwindigkeit, Geschwindigkeitswechsel, Pausen)	**Lesedynamik, Akzentuierung** (Betonung, Betonungswechsel, Lautstärke, Lautstärkewechsel)
Lesemelodie (Tonhöhe, Satzmelodie/ Sprechbogen, Klangfarbe)	**Leseartikulation** (Deutlichkeit, Deutlichkeitswechsel, Laut-, Wort-, Satz- Textbindung)

Fertigen Sie eine »Partitur« von Ihrem Text an, indem Sie an entsprechenden Stellen Markierungen mit Hinweisen machen, wie der Text gesprochen werden soll.

4 Schnitt

Der Schnitt oder die Montage ist ein extrem wichtiger Vorgang im Prozess der Filmerstellung. Hier können wesentliche strukturelle Elemente des Gedichts berücksichtigt werden: Rhythmus, strophische Gliederungen, Zäsuren u. Ä. lassen sich schnitttechnisch gestalten. Auch ob beispielsweise eher harte Schnitte oder eher weiche Übergänge gewählt werden, sollte stets von der Frage der Textangemessenheit und der Wirkungsabsicht des Poetry-Clips abhängig gemacht werden. Hier greift man am besten auf handelsübliche Videobearbeitungsprogramme zurück, die mittlerweile sehr benutzerfreundlich gestaltet sind.
Schnittprogramme finden Sie unter: www.magix.com/de/.

Textquellen

Die Texte und Zitate von Bas Böttcher sind entnommen aus:
Die Poetry-Slam-Expedition: Bas Böttcher. Ein Text-, Hör- und Filmbuch. Braunschweig: Schroedel, 2009.

Assmann, Aleida: Mündlichkeit und Schriftlichkeit. Aus: A. Assmann: Einführung in die Kulturwissenschaft. Grundbegriffe, Themen, Fragestellungen. Berlin: Erich Schmidt Verlag, 2008. S. 59–61.
Autorpoetik: Aus: Ansgar Nünning (Hg.): Metzler Lexikon Literatur- und Kulturtheorie. Stuttgart, Weimar: Metzler, 2004. S. 39.
Bauschke, Ricarda: Die »Reinmar-Lieder« Walthers von der Vogelweide. Literarische Kommunikation als Form der Selbstinszenierung. Heidelberg: Universitätsverlag Winter, 1999. S. 109 ff.
Böttcher, Bas: Vom Vorteil des Malers. © Bas Böttcher, 2008. Auch in: B. Böttcher: Neonomade. Dresden und Leipzig: Voland & Quist, 2009.
Böttcher, Bastian: Kleine Einladung. Aus: Lauter Lyrik. Der kleine Conrady. Eine Sammlung deutscher Gedichte. Hg. Karl Otto Conrady. Düsseldorf: Artemis & Winkler, 2008. S. 752 f.
Braun, Michael: Gepixelte Kühe. Ron Winkler entzaubert das Naturgedicht. Aus: Der Tagesspiegel, 25.3.2007.
Brunner, Horst et. al.: Walther von der Vogelweide. Epoche – Werk – Wirkung. Unter Mitarbeit von Sigrid Neureiter-Lackner. München: C. H. Beck, 1996. S. 26 f.
Circleculture Gallery: Nomad. Aus: www.circleculture-gallery.com/artists/_nomad/ (CIRCLECULTURE Cc: GmbH) (Aufrufdatum: 13.7.2009).
Goethe, Johann Wolfgang von: Natur und Kunst. Aus: J. W. von Goethe. Werke, Hg. Erich Trunz. Hamburger Ausgabe Bd. 1: Gedichte und Epen 1. München: C.H. Beck, 1994. S. 245.
ders.: Am 22. Mai. Aus: J. W. v. Goethe: Die Leiden des jungen Werther. Mit einem Essay von Georg Lukács und einem Nachwort von Jörn Göres. Mit zeitgenössischen Illustrationen von Daniel Nikolaus Chodowiecki und anderen. Frankfurt a. M.: Insel Verlag, 1973 (1774).
ders.: Faust. Herausgegeben und kommentiert von Erich Trunz. München: C. H. Beck, 2007. S. 20, Vers 354–385.
Gomringer, Nora: Seid ihr alle da. Aus N. Gomringer: Sag doch mal was zur Nacht. 2. Aufl. Dresden und Leipzig: Voland & Quist, 2006. S. 39–41.
Grafitti: Aus: Johannes Stahl. In: DuMonts Begriffslexikon zur zeitgenössischen Kunst. Hg. Hubertus Butin. Köln: DuMont, 2002.
Hahn, Ulla: Ars poetica. Aus: U. Hahn: Herz über Kopf. München: DVA, 1981. S. 78.
Heine, Heinrich: Im wunderschönen Monat Mai. Aus: H. Heine: Buch der Lieder. Hg. Bernd Kortländer. Stuttgart: Reclam, 1990. S. 80.
Jenny, Zoë: Das Blütenstaubzimmer. 14. Aufl. Frankfurt a. M.: btb, 1999 (1997). S. 92–93. © Frankfurter Verlagsanstalt GmbH, Frankfurt am Main 1997
Klant, Michael: Clip-Ästhetik. Aus: Michael Klant und Raphael Spielmann (Hg.): Grundkurs Film 1: Kino, Fernsehen, Videokunst. Braunschweig: Schroedel, 2008. S. 231.
Loerke, Oskar: Blauer Abend in Berlin. Aus: Deutsche Großstadtlyrik vom Naturalismus bis zur Gegenwart. Hg. Wolfgang Rothe. Stuttgart: Reclam, 1973. S. 164.
Lübbert, Sophie: Shakespeare war gut. Der Slam-Poet Bas Böttcher wird abgespeichert. Aus: Frankfurter Allgemeine Zeitung, 24.4.2009, S. 32. © F.A.Z. GmbH, Frankfurt am Main
McLuhan, Marshall: Die Gutenberg-Galaxis. Das Ende des Buchzeitalters. Bonn: Addison-Wesley, 1995 (1962). S. 6
ders.: Die magischen Kanäle. Erw. Aufl. Dresden/ Basel: Verlag der Kunst, 1995 (1964). S. 130.
Mösken, Anne-Lena: Wie Graffiti, aber immer mit Botschaft. Aus: Berliner Zeitung, 3.11.2008.
Monaco, James: Film verstehen. Kunst, Technik, Sprache, Geschichte und Theorie des Films und der Medien. Hamburg: Rowohlt Verlag, Reinbek 2000. S. 158 f.
Nioduschewski, Anja: Nächtliche Interferenz. Aus: Björn Kuligk, Jan Wagner (Hg.): Gedichte von Jetzt. Köln: DuMont, 2003. S. 128 f.
Ostermaier, Albert: Zurück zu den Lebenden! Aus: Literature to go. Feridun Zaimoglu im Gespräch. Berlin: Edition AVL, 2008. S. 60–75; hier: S. 72 f.
Paradies: Aus: Der Brockhaus »Religionen«. Leipzig, Mannheim: F. A. Brockhaus GmbH, 2004. S. 500.
Poetry-Slam: Aus: Die deutsche Rechtschreibung. Duden Band 1. 24., völlig neu bearbeitete und erweiterte Aufl. Hg.: Duden-Redaktion. Mannheim u. a.: Dudenverlag, 2006. S. 793.© Bibliographisches Institut & F. A. Brockhaus AG, Mannheim, 2006; und aus: Duden, 23. Auflage, 2004, S. 754.
Poiesis: Ansgar Nünning (Hg.): Metzler Lexikon Literatur- und Kulturtheorie. Stuttgart, Weimar: Metzler, 2004. S. 533.
Popliteratur: Aus: Metzler-Lexikon Kultur der Gegenwart. Themen und Theorien, Formen und Institutionen seit 1945. Stuttgart, Weimar: Metzler, 2000.
Rilke, Rainer Maria: Ich fürchte mich so vor der Menschen Wort. Aus: R. M. Rilke. Sämtliche Werke. Bd. 3. Hrsg. vom Rilke-Archiv in Verbindung mit Ruth Sieber-Rilke, besorgt von Ernst Zinn. Wiesbaden: Insel,1959. S. 257.
Strawinsky, Igor: Musikalische Poetik. Mainz: Schott, 1983. S. 212.
Stuckrad-Barre, Benjamin von: Soloalbum. Köln: Kiepenheuer & Witsch, 1998. Zitiert nach der Ausgabe aus dem Goldmann Verlag (München), 2002. S. 122/123 und 125/126.
Thalmayr, Andreas: Lyrik nervt. Erste Hilfe für gestreßte Leser. München, Wien: dtv/ Reihe Hanser, 2004. S. 9.
Trunz, Erich (Hg.): Johann Wolfgang von Goethe. Werke. Hamburger Ausgabe, Bd. 1: Gedichte und Epen 1. München: C.H. Beck, 1994. S. 645.
YouTube-Kommentare zur Textbox: www.youtube.com/watch?v=vX1bxC3VVZA (Aufrufdatum: 13.7.2009).
Zaimoglu, Feridun: Ich wollte keine Show abziehen. Aus: Literature to go. Feridun Zaimoglu im Gespräch. Berlin: Edition AVL, 2008. S. 208–224; hier S. 212.

Bildquellen

Seite 5: Coverfoto: Bas Böttcher, Berlin.
Seite 6: Stills aus »Poetry-Slam Live: Medley«. In: »Die Poetry-Slam-Expedition: Bas Böttcher«, DVD, # 3. Braunschweig: Schroedel Verlag, 2009. © Rolf S. Wolkenstein, Berlin.
Seite 11: »Werther«-Ausgabe von 1774. akg-images GmbH, Berlin (Heiner Heine).
Seite 12: Foto: Johann Joseph Schmeller: Kopie des Gemäldes von Joseph Karl Stieler, 1828: Goethe; Bildarchiv Preußischer Kulturbesitz, Berlin (SBB/ Ruth Schacht).
Seite 13 oben links: Foto: akg-images GmbH, Berlin (AP).
Seite 13 rechts: Kupferstich von Giovanni Domenico Campiglia nach Selbstbildnis, Museo Fiorentino, 1752. akg-images GmbH, Berlin.
Seite 20: Autorenfoto von 1906. ullstein bild, Berlin (Imagno).
Seite 21 oben links: Foto: ullstein bild, Berlin (ddp).
Seite 21 unten links: Foto: ullstein bild, Berlin (Reuters).
Seite 21 rechts: Foto: ullstein bild, Berlin (SIPA).
Seite 27: Cartoon: Moment mal! (2005). Philipp Heinisch, Berlin.
Seite 31 links: Gemälde: Beatriz Milhazes: Käfer (2003). Acryl auf Leinwand. Galerie Max Hetzler, Berlin.
Seite 31 rechts: Gemälde: Claude Monet: Seerosen (1906). Detail aus Diptychon. Öl auf Leinwand. Paris: Orangerie. ullstein bild, Berlin (AISA).
Seite 33: Foto: Bas Böttcher, Berlin.
Seite 35 links: Gemälde: Peter Paul Rubens: Adam und Eva (um 1620). Öl auf Holz. Bildarchiv Preußischer Kulturbesitz, Berlin (Joseph Martin).
Seite 35 rechts: Bild: Tropical Islands in Brandenburg. Tropical Island Management GmbH, Krausnick.
Seite 36/37: Foto: POP-EYE, Berlin (Brigitte Heinrich).
Seite 37: Foto: Jens Neumann/Neumann und Rodtmann GbR, Berlin.
Seite 38 links: Foto: gezett, Berlin.
Seite 38 rechts: Foto: gezett, Berlin.
Seite 39: Foto: Picture-Alliance GmbH, Frankfurt a. M. (dpa).
Seite 40: Foto: Hans Günter Contzen, Köln.
Seite 41: Foto: Getty Images, München (Bongarts).
Seite 43 links: Graffito: www.tokyoe.de (Alexander Maier, Berlin).
Seite 43 rechts: Foto: Bas Böttcher, Berlin.
Seite 44 links: Graffito von Emess, Berlin/Kreuzberg, 2009. Foto von Caram Kapp, Berlin.
Seite 44 rechts: Graffito von Emess, Berlin/Kreuzberg, 2009. streetfiles.org (Caram Kapp, Berlin).
Seite 45: Graffito von Nomad: »Reggie hits Shibuya«, Yoyogibridge, Shibuya, Tokyo, 2005.
Seite 48: Stills aus dem Poetry-Clip »Alles in allem«. In: »Die Poetry-Slam-Expedition: Bas Böttcher«, DVD, # 1. Regie: Rolf S. Wolkenstein. Braunschweig: Schroedel Verlag, 2009. © Schroedel Verlag, Braunschweig 2009.
Seite 49: Stills aus dem Poetry-Clip »Dran glauben«. In: »Die Poetry-Slam-Expedition: Bas Böttcher«, DVD, # 2. Regie: Rolf S. Wolkenstein. Braunschweig: Schroedel Verlag, 2009. © Schroedel Verlag, Braunschweig 2009.
Seite 50: Foto: Verlag Voland & Quist, Dresden (Sebastian Wolter).
Seite 52: Still aus: »Poetry-Slam Live: Medley«. In: »Die Poetry-Slam-Expedition: Bas Böttcher«, DVD, # 3. Braunschweig: Schroedel Verlag, 2009. © Rolf S. Wolkenstein, Berlin.
Seite 55: Foto: Anika Büssemeier, Berlin.
Seite 56: Bild: ullstein bild, Berlin (The Granger Collection, New York).
Seite 57: Faksimile: Codex Manesse. akg-images.
Seite 60: Foto: ullstein bild, Berlin (Caro/Westermann).